1 Ernährung bei Herz - Yang Mangel

Diese Empfehlungen bitte immer mit dem TCM-Ernährungsberater/in, oder TCM-Arzt/in absprechen! Die Rezepte und Zutatenlisten unterstützen die Therapien nach der Traditionellen Chinesischen Medizin.

Die Kalorienangaben frischer Zutaten (Obst und Gemüse) schwanken je nach Qualität und Erntezeit. Die Inhalte wurden von einer Diätologin und einer Ernährungsberaterin für die Traditionelle Chinesische Medizin (TCM) geprüft.

Autor & Design:
©2016 Josef Miligui
www.ebns.at

Quelle:
Die Listen werden aus der TCME-Datenbank für die Ernährungsberatung generiert. Die Datenbank wird von Ernährungsberater, Therapeuten, Ärzte und Gastronomiebetrieben für die Beratung der Patienten/Klienten und Gästen verwendet.

Literaturliste:
Wir haben die Unterlagen als Wissensbasis genutzt und an unsere Erfahrungen angepasst und ergänzt.
http://ebns.at/index.php/de/datenbank/literaturliste

Herstellung und Verlag:
BoD – Books on Demand, Norderstedt
ISBN: 9783741281358

TCM - Ernährung bei- Herz - Yang Mangel
(Buch: 214)

2 Definition der möglichen Symptome

Befragen
Allgemein
  Herzklopfen
Emotionen
  Ablehnung, Depression, introvertiert, freudlos, gelangweilt
Empfindung
  Engegefühl in der Brust
Energie
  Müdigkeit, Lustlosigkeit, geistige Erschöpfung, Mangel an geistiger Klarheit
Kälteempfinden
  Frieren, Abneigung gegen Kälte
Psyche
  Keine geistigen Interessen, Teilnahmslos
Schwitzen
  Schwitzen, Kältesymptomatik

Betrachten
Haut
  Ödeme
Körper
  Kalte Hände, weißes Gesicht

Pulsdiagnostik
Puls
  Tief, schwach, langsam, unregelmäßig, verknotet

Zungendiagnostik
Zunge
  Blass, nass, geschwollen, Yang fehlt

1 Ernährung bei Herz - Yang Mangel 1
2 Definition der möglichen Symptome 2
3 Therapiestrategie 5
4 Vermeiden 5
5 Speiseplan 5
  5.1 Frühstück 5
  5.2 Jause 5
  5.3 Mittag 6

5.4	Nachmittag	6
5.5	Abend	7
5.6	Jederzeit	7
6	Rezepte	8
6.1	Acht Schätze Reis	8
6.2	Belugalinseneintopf mit Gemüse	8
6.3	Erbsengericht	9
6.4	Fenchel-Reissuppe	10
6.5	Geröstete Haferflocken mit Weintraubenkompott	11
6.6	Hirse mit Ei und Butter	11
6.7	Hühnersuppe mit Angelikawurzel und Bocksdornfrüchten	12
6.8	Hühnersuppe mit Grünkern, Petersilie und Sake	12
6.9	Hülsenfrüchte	12
6.10	Humus	13
6.11	Indische Dalsuppe	14
6.12	Karpfensuppe	15
6.13	Kichererbsengemüse mit Rosinen	16
6.14	Klare Brühe aus Gänseklein	17
6.15	Klare Ochsenschwanzsuppe mit Bocksdornfrüchten	17
6.16	Klassisches Ingwerhuhn mit Reiswein	18
6.17	Kokosreis mit Kardamom	19
6.18	Kokossuppe	20
6.19	Kompott aus Kirschen	21
6.20	Lammgeschnetzeltes mit Rosmarinkartoffeln	22
6.21	Lauchsuppe mit Mandelmus	23
6.22	Linsen-Reis-Eintopf	23
6.23	Mungobohnen-Eintopf	24
6.24	Nierenbohneneintopf mit Lamm und Salbei	24
6.25	Polenta mit Spiegelei	25
6.26	Quinoa mit Pfirsich	26
6.27	Quinoa pikant + Avocado	26
6.28	Rasche Flocken mit Kompott oder Marmelade	27
6.29	Reis-Congee mit Trockenfrüchten	28
6.30	Reis-Congee mit zerstoßenen Walnüssen	28
6.31	Reis-Dulse-Suppe	29
6.32	Reisnudelsuppe mit Shiitakepilzen	29
6.33	Reissuppe mit frischen Früchten	30
6.34	Reissuppe mit geraspelten Karotten und frischen Kräutern	31
6.35	Rettichgemüse mit Frühlingszwiebeln und Karotten	31
6.36	Rettichgemüse mit Meerrettich	32
6.37	Rindfleischsuppe mit buntem Gemüse und Pilzen	33
6.38	Rindfleischsuppe mit Karotten, Lauch, Lorbeer	34
6.39	Rote Linsen mit Avocado und Rettich	34

6.40 Schwarzaugenbohnen-Eintopf 35
6.41 Süße Polenta mit Pfirsich 35
6.42 Süßreis mit Äpfel 36
6.43 Tafelspitz nach klassischer Art 37
6.44 Tee Ginseng-Tee 38
6.45 Tee Thymian-Tee 38
6.46 Traubensaft mit heißem Wasser 38
6.47 Wärmender Haferflockenbrei 39
6.48 Zwetschken mit Bio-Quark 39
7 Wirkung der Lebensmittel 40
7.1 Zutaten verwenden: empfehlenswert 40
7.2 Zutaten verwenden: ja 52
7.3 Zutaten verwenden: wenig 57
7.4 Kontraindikativ wirkende Lebensmittel nicht verwenden 57
8 Therapeutische Kräuter und deren Wirkungen 58
9 Kräuter aus den Rezepten und deren Wirkungen 58
9.1 Basilikum 58
9.2 Beifuß 59
9.3 Bohnenkraut 59
9.4 Koriander 59
9.5 Lauchzwiebel Schnittlauch 59
9.6 Liebstöckel 59
9.7 Lilienzwiebel 59
9.8 Makannasternsamen 59
9.9 Oregano frisch 59
9.10 Petersilie 60
9.11 Rosmarin 60
9.12 Salbei 60
9.13 Schwarzkümmel 60
9.14 Yamswurzel, Yamswurzelknolle 60
9.15 Zitronenmelisse (frisch) 60
10 Grundlagen der Ernährung 61
10.1 Ernährung 61
10.2 Rezepte 63
10.2.1 Rezepte nach Folge der Elemente kochen 64
10.3 Lebensmittel 64
10.4 Kräuter 66
11 Weitere Ernährungsvorschläge 67
12 EBNS - Software für die Ernährungsberatung 70

3 Therapiestrategie

Herz Qi u Yang stärken, wärmen, Blut u QI bewegen. - kalt NEIN, heiß WENIG (süß JA), alles andere JA (bitterwarm u sauer-erfrischend WENIG)

4 Vermeiden

Keine

5 Speiseplan

Kalorien

5.1 Frühstück

Erbsengericht	406
Fenchel-Reissuppe	155
Geröstete Haferflocken mit Weintraubenkompott	328
Hirse mit Ei und Butter	338
Hülsenfrüchte	31
Kichererbsengemüse mit Rosinen	429
Kokosreis mit Kardamom	266
Lauchsuppe mit Mandelmus	115
Polenta mit Spiegelei	410
Quinoa mit Pfirsich	247
Quinoa pikant + Avocado	561
Rasche Flocken mit Kompott oder Marmelade	231
Reis-Congee mit Trockenfrüchten	210
Reis-Congee mit zerstoßenen Walnüssen	406
Reis-Dulse-Suppe	190
Reisnudelsuppe mit Shiitakepilzen	65
Reissuppe mit frischen Früchten	143
Rettichgemüse mit Meerrettich	196
Rindfleischsuppe mit buntem Gemüse und Pilzen	142
Süße Polenta mit Pfirsich	330
Wärmender Haferflockenbrei	357
Zwetschken mit Bio-Quark	141

5.2 Jause

Humus	542
Kompott aus Kirschen	31
Süßreis mit Äpfel	155

5.3 Mittag

Acht Schätze Reis ... 212
Belugalinseneintopf mit Gemüse ... 201
Erbsengericht ... 406
Fenchel-Reissuppe ... 155
Hirse mit Ei und Butter ... 338
Hühnersuppe mit Angelikawurzel und Bocksdornfrüchten ... 77
Hühnersuppe mit Grünkern, Petersilie und Sake ... 150
Hülsenfrüchte ... 31
Indische Dalsuppe ... 255
Karpfensuppe ... 499
Kichererbsengemüse mit Rosinen ... 429
Klare Brühe aus Gänseklein ... 334
Klare Ochsenschwanzsuppe mit Bocksdornfrüchten ... 217
Klassisches Ingwerhuhn mit Reiswein ... 357
Kokosreis mit Kardamom ... 266
Kokossuppe ... 151
Lammgeschnetzeltes mit Rosmarinkartoffeln ... 461
Lauchsuppe mit Mandelmus ... 115
Linsen-Reis-Eintopf ... 232
Mungobohnen-Eintopf ... 665
Nierenbohneneintopf mit Lamm und Salbei ... 391
Polenta mit Spiegelei ... 410
Reis-Congee mit Trockenfrüchten ... 210
Reis-Congee mit zerstoßenen Walnüssen ... 406
Reis-Dulse-Suppe ... 190
Reisnudelsuppe mit Shiitakepilzen ... 65
Reissuppe mit frischen Früchten ... 143
Reissuppe mit geraspelten Karotten und frischen Kräutern ... 131
Rettichgemüse mit Frühlingszwiebel und Karotten ... 246
Rettichgemüse mit Meerrettich ... 196
Rindfleischsuppe mit buntem Gemüse und Pilzen ... 142
Rindfleischsuppe mit Karotten, Lauch, Lorbeer ... 194
Rote Linsen mit Avocado und Rettich ... 268
Schwarzaugenbohnen-Eintopf ... 140
Tafelspitz nach klassischer Art ... 453
Wärmender Haferflockenbrei ... 357
Zwetschken mit Bio-Quark ... 141

5.4 Nachmittag

Humus ... 542
Süße Polenta mit Pfirsich ... 330

5.5 Abend

Belugalinseneintopf mit Gemüse 201
Erbsengericht 406
Fenchel-Reissuppe 155
Hühnersuppe mit Angelikawurzel und Bocksdornfrüchten 77
Indische Dalsuppe 255
Karpfensuppe 499
Kichererbsengemüse mit Rosinen 429
Klare Brühe aus Gänseklein 334
Klare Ochsenschwanzsuppe mit Bocksdornfrüchten 217
Klassisches Ingwerhuhn mit Reiswein 357
Kokosreis mit Kardamom 266
Kokossuppe 151
Kompott aus Kirschen 31
Lammgeschnetzeltes mit Rosmarinkartoffeln 461
Lauchsuppe mit Mandelmus 115
Linsen-Reis-Eintopf 232
Mungobohnen-Eintopf 665
Nierenbohneneintopf mit Lamm und Salbei 391
Polenta mit Spiegelei 410
Quinoa mit Pfirsich 247
Quinoa pikant + Avocado 561
Reisnudelsuppe mit Shiitakepilzen 65
Reissuppe mit frischen Früchten 143
Reissuppe mit geraspelten Karotten und frischen Kräutern 131
Rettichgemüse mit Frühlingszwiebel und Karotten 246
Rettichgemüse mit Meerrettich 196
Rindfleischsuppe mit buntem Gemüse und Pilzen 142
Rindfleischsuppe mit Karotten, Lauch, Lorbeer 194
Rote Linsen mit Avocado und Rettich 268
Schwarzaugenbohnen-Eintopf 140
Süße Polenta mit Pfirsich 330
Tafelspitz nach klassischer Art 453

5.6 Jederzeit

Kokosreis mit Kardamom 266
Kompott aus Kirschen 31
Reis-Congee mit zerstoßenen Walnüssen 406
Süße Polenta mit Pfirsich 330

6 Rezepte

empfehlenswert = Sie können mehr verwenden, weniger = wenn möglich weniger verwenden.
TL=Teelöffel, EL=Esslöffel, L=Liter, g=Gramm
M=Metall, W=Wasser, H=Holz, F=Feuer, E=Erde.
(Die Kochanleitung nach den Elementen finden Sie im Kapitel „Rezepte" am Ende des Buches.)

6.1 Acht Schätze Reis

Stärkt Niere und Blase, Baut Qi auf, Stärkt die Milz, Vertreibt Feuchtigkeit, reduziert innere Hitze, beugt Krebs vor, baut Herz auf, beruhigt Nerven.
Kalorien p. Portion 212
Kochdauer ca. 1 Stunde
Thermische Wirkung: neutral

Menge	Zutaten		
1 EL	Lilienzwiebel	empfehlenswert	
1 EL	Longane	ja	
1 EL	Weißwurz	empfehlenswert	
1 EL	Yamswurzel, Yamswurzelknolle	empfehlenswert	
1 EL	Hiobsträne (Samen) YiYi Ren	ja	
1 EL	Makannasternsamen	empfehlenswert	
2 Tassen	Reis Wilder (Naturreis)	ja	M
8-10 Tassen	Wasser	ja	E

Kochanleitung:
Je 1 EL: Bai He (Lilienzwiebel), Longan (Longane/Drachenaugenfrucht), Yu Zhu (Wohlriechender Weißwurz-Wurzelstock), Da Zao, Shan Yao (Yamswurzel, Yamswurzelknolle), Lian Mi, Yi Yi Ren (Samen der Hiobsträne), Qian Shi (Makannasternsamen)

Mit heißem Wasser übergießen und ca. 30 Min einweichen. Anschließend: 1 – 2 Tassen Reis (normal) hinzufügen und ½ bis 1 Stunde köcheln, bis der Reis sehr weich ist. Oder: Mit Vollwertreis ca. 3 Stunden lang mit den Kräutern ein Congee kochen. Dann müssen die Kräuter nicht eingeweicht werden.

6.2 Belugalinseneintopf mit Gemüse

Tonisiert Qi und Blut, stärkt Nieren und Milz, leitet Feuchtigkeit aus.
Kalorien p. Portion 201
Kochdauer ca. 20 min.
Thermische Wirkung: warm

Menge	Zutaten		
2 Tassen	Linsen (Helmbohnen)	ja	W
4-5 Tassen	Wasser	ja	E
3 Stück	Karotte (Mohrrübe, Möhre)	empfehlenswert	E
1 Stück	Lauch (Porree)	empfehlenswert	M
1/2 Stück	Kohlrabi	ja	E
2 Stück	Tomate	weniger als angegeben	H
1 Stück	Zwiebel weiss	ja	M
2 Blatt	Lorbeerblatt	empfehlenswert	M
1 Stück	Fenchel	ja	E
2 Stück	Sternanis	ja	M
6 Stück	Wacholderbeere	empfehlenswert	F
1 Prise	Chili (Schote oder gemahlen)	empfehlenswert	M
3 EL	Olivenöl	ja	E
1 Prise	Salz	wenig	W
1/2 TL	Ingwer frisch	empfehlenswert	M
1 Prise	Schwarzkümmel	empfehlenswert	

Kochanleitung:
Öl in heißem Topf erhitzen. Zwiebel andünsten und gewürfeltes Gemüse und Gewürze, Linsen (gut gewaschen) und Salz dazugeben.
Mit kaltem Wasser ausreichend (3 Fingerbreit) bedecken und 20 min auf kleiner Flamme kochen.
Mit frischen Kräutern und Schwarzkümmel bestreuen
Passt sehr gut zu Reis!

6.3 Erbsengericht

Stärken die Mitte, diuretisch, harmonisiert Qi (v.a. im Mittleren und Unteren Erwärmer), entgiftet, weicht auf, leitet nach unten.
Kalorien p. Portion 406
Kochdauer ca. 1-2 Stunden
Thermische Wirkung: neutral

Menge	Zutaten		
150 g.	Erbsen (getrocknete)	ja	W
1 Stück	Zitrone	weniger als angegeben	H
5 Stück	Wacholderbeere	empfehlenswert	F
1 TL	Sonnenblumenöl	ja	E
1 Prise	Pfeffer weiss (gemahlen)	ja	M
3 Blatt	Lorbeerblatt	empfehlenswert	M
1 Stück	Zwiebel weiss	ja	M
1 TL	Thymian	empfehlenswert	W
1/2 TL	Ingwer frisch	empfehlenswert	M
1 Stück	Huhn Ei	ja	E
3 cm.	Wakame	weniger als angegeben	W
1 Prise	Salz	wenig	W
nach Geschmack	1 Schuss Sojasauce	ja	W

Kochanleitung:
150 g getrocknete Erbsen in reichlich kaltem Wasser mehrere Stunden oder über Nacht einweichen.

Danach: Einweichwasser wegschütten und Erbsen gründlich waschen; die Erbsen mit etwa 1 1/2 l kaltem Wasser aufsetzen und zum Kochen bringen; ohne Deckel 5 Minuten kochen lassen; den Schaum, der sich bildet, abschöpfen; erst dann folgende Zutaten zugeben: eine Zitronenscheibe, 5 Wacholderbeeren, 1 TL Öl, 3- 4 Pfefferkörner, 3 Lorbeerblätter, 1 kleingeschnittene Zwiebel, 1 TL getrockneten Thymian, 1 TL kleingeschnittenen Ingwer, etwa 2 Streifen Wakame oder 1 EL Hijiki mit geschlossenem Deckel auf kleinster Flamme 1 - 2 Stunden köcheln lassen; nach 1 Stunde probieren, ob die Erbsen schon weich sind, denn die Garzeit verändert sich mit der Einweichzeit und dem Lageralter; wenn die Erbsen gar sind, Zitronenscheibe, Wacholderbeeren und Pfefferkörner entfernen; mit Salz, Sojasoße, Zitronensaft abschmecken.

Hinweis: Das Gericht kann 3- 4 Tage im Kühlschrank aufbewahrt und portionsweise erwärmt werden.

Dazu passt: in Wasser gedünstetes knackiges Gemüse, Reis oder Hirse.

6.4 Fenchel-Reissuppe

Reguliert Qi, wärmt das Innere, senkt Kälte ab, stärkt Magen, lindert Obstipation, stärkt Yang, löst Schleim, reduziert Wind, verteilt. Stärkt Qi und Nieren-Jing, baut Qi auf.
Kalorien p. Portion 155
Kochdauer ca. 15-20 Min. (+Grundrezept)
Thermische Wirkung: warm

Menge	Zutaten		empfehlenswert	
300 ml.	Grundrezept für eine Reissuppe			
1/2 Stück	Fenchel		ja	E
1 EL	Butter Bio		ja	E
1 Schuß	Sojasauce		ja	W

Kochanleitung:
In der Reissuppe nach Grundrezept den Fenchel weich kochen. Den Fenchel klein schneiden oder Pürieren und wieder dazu geben. Vor dem Servieren einen Stück Butter und etwas Sojasoße zugeben.

6.5 Geröstete Haferflocken mit Weintraubenkompott

Befeuchtet, entspannt, baut Qi auf, verteilt. Stärkt Qi. Erwärmt Magen und Milz, fördert Durchblutung und Leitbahnfluss, lindert Kälte-Übel und Schmerzen.
Kalorien p. Portion 328
Kochdauer ca. 25 Min.
Thermische Wirkung: warm

Menge	Zutaten		
1 Tasse	Hafer Flocken geröstet	empfehlenswert	M
2 Tassen	Trauben rot	ja	E
1/2 TL	Ingwer frisch	empfehlenswert	M
2 EL	Rosinen	ja	E
1 Prise	Zimtpulver	empfehlenswert	M
2 Tassen	Wasser	ja	E

Kochanleitung:
Haferflocken kurz anrösten, mit Wasser übergießen, Rosinen dazugeben und 20 min. kochen. Trauben, Ingwer und Zimt zugeben.

6.6 Hirse mit Ei und Butter

Stärkt Blut, Yin und Jing, nährt Yin, befeuchtet bei innerer Trockenheit, stärkt Blut, stärkt Milz, beruhigt Nerven und Magen. Stärkt Milz und Niere, diuretisch. Stärkt Qi und Nieren-Jing, befeuchtet, entspannt, baut Qi auf, verteilt.
Kalorien p. Portion 338
Kochdauer ca. 25 Min.
Thermische Wirkung: kühl

Menge	Zutaten		
1 Tasse	Hirse	ja	E
1/2 TL	Ingwer frisch	empfehlenswert	M
1 Prise	Salz	wenig	W
2 EL	Petersilie	empfehlenswert	H
1 Prise	Rosenpaprika	empfehlenswert	F
2 Stück	Huhn Ei	ja	E
2 EL	Butter Bio	ja	E
1 Prise	Muskatnuss	empfehlenswert	M
2 Tassen	Wasser	ja	E

Kochanleitung:
Die Hirse mit dem Ingwer und Muskatnuss im Wasser kochen. 1 weiches Ei pro Person kochen und schälen; die Hirse auf Tellern auftürmen und je 1 Ei in eine Mulde im Hirseberg legen; Butterflöckchen darübergeben. Mit gehackter Petersilie und dem Rosenpaprika bestreuen.

6.7 Hühnersuppe mit Angelikawurzel und Bocksdornfrüchten

Stärkt Milz und nährt das Blut und das Yin der Leber. Stärkt Qi und Blut; ist sehr wärmend.
Kalorien p. Portion 77
Kochdauer ca. 1 1/2 Stunden
Thermische Wirkung: warm

Menge	Zutaten		
1/2 Liter	Grundrezept für eine Hühnerbrühe	empfehlenswert	
5 g.	Angelikawurzel	empfehlenswert	
50 g.	Bocksdornfrüchte (Fructus Lycii)	empfehlenswert	H

Kochanleitung:
Hühnerbrühe laut Grundrezepte. In den letzten 40 Minuten Angelikawurzel und getrocknet Bocksdornfrüchte mitkochen.

Einnahme: Täglich 2-3 Tassen Brühe trinken.

6.8 Hühnersuppe mit Grünkern, Petersilie und Sake

Stärkt Qi und Blut; ist sehr wärmend. Nährt Leber-Blut, bewahrt die Säfte, zieht zusammen. Zerstreut und bewegt Qi, befeuchtet, reduziert Kälte-Übel, weicht Knoten auf.
Kalorien p. Portion 150
Kochdauer ca. 1 1/2 Stunden
Thermische Wirkung: warm

Menge	Zutaten		
1/2 Liter	Grundrezept für eine Hühnerbrühe	empfehlenswert	
4 EL	Grünkern	empfehlenswert	H
2 EL	Petersilie	empfehlenswert	H
1 Schuß	Sake	empfehlenswert	M

Kochanleitung:
Die Zutaten in der Suppe 10 min. ziehen lassen.

6.9 Hülsenfrüchte

Stärkt Milz und Leber, reguliert Qi-Fluss, befeuchtet, entspannt, baut Qi auf, verteilt. Nährt Blut und Qi, diuretisch, harmonisiert Qi (v.a. im Mittleren und Unteren Erwärmer), entgiftet. Reduziert innere Hitze und Feuchtigkeit.
Kalorien p. Portion 31
Kochdauer ca. 30 Min.
Thermische Wirkung: neutral

Menge	Zutaten		
100 g.	Pintobohnen gesprenkelt	empfehlenswert	W
50 g.	Linsen (Helmbohnen)	ja	W
50 g.	Erbse, grün	ja	W
1 Liter	Wasser	ja	E
1 Scheibe	Zitrone	weniger als angegeben	H
5 Stück	Wacholderbeere	empfehlenswert	F
1 Zweig	Thymian	empfehlenswert	W
1 Zweig	Rosmarin	wenig	F
1 Stück	Karotte (Mohrrübe, Möhre)	empfehlenswert	E
1-2 TL	Bohnenkraut	ja	W
daumengroßes Stück	Ingwer frisch	empfehlenswert	M
2-3 Blatt	Lorbeerblatt	empfehlenswert	M
1-2 Streifen	Wakame	weniger als angegeben	W

Kochanleitung:
Hülsenfrüchte wie Bohnen, Linsen, Erbsen oder Kichererbsen werden in reichlich kaltem Wasser mehrere Stunden bis zu 3 Tagen eingeweicht. Alle 8 Stunden sollte dabei das Wasser gewechselt werden. Danach Einweichwasser wegschütten und Hülsenfrüchte gründlich waschen.

Zubereitung:
Hülsenfrüchte mit frischem kaltem Wasser und einer Ingwerscheibe aufsetzen und zum Schäumen bringen. Ohne Deckel ca. 5 min kochen lassen, dabei den Schaum, der sich bildet abschöpfen. Erst danach folgende Zutaten geben: eine Zitronenscheibe oder Zitronensaft, Wacholderbeeren zerdrücken, Thymian; (ev. 1 Messerspitze Asafoetida bei großer Verdauungsschwäche). Bohnenkraut, Salbei, Wacholder, Bockshornkleesamen, Karotte, Lorbeerblätter, frischer Ingwer, Wakamealge zugeben

Auf kleinster Flamme köcheln bis Bohnen oder Linsen die gewünschte Konsistenz haben.
Diese Basis kann 3-4 Tage im Kühlschrank aufbewahrt werden.

6.10 Humus

Stärken Milz und Herz, weicht auf, leitet nach unten. Befeuchtet, entspannt, baut Qi auf, verteilt. Nährt Blut. Nährt Blut und Leber, harmonisiert Leber und Milz, stärkt Sehkraft, bewahrt die Säfte, zieht zusammen.
Kalorien p. Portion 542
Kochdauer ca. 2 Stunden
Thermische Wirkung: kühl

Menge	Zutaten		
2 Tassen	Kichererbsen	ja	W
1 TL zerrieben	Wakame	weniger als angegeben	W
1/4 TL	Ingwer frisch	empfehlenswert	M
1 Prise	Rosmarin	wenig	F
1 EL	Sesam Paste (Tahini)	ja	E
2 EL	Olivenöl	ja	E
1 Spritzer	Zitrone Saft	weniger als angegeben	H
nach Bedarf	Wasser	ja	E
1 Zehe geschabt	Knoblauch	empfehlenswert	M
1 TL gehackte	Petersilie	empfehlenswert	H
1 Prise	Paprika	ja	E
1 Prise	Curcuma (Gelbwurz)	empfehlenswert	
1 Prise	Koriander	empfehlenswert	M
1 Prise	Kardamom	empfehlenswert	M
1 Prise	Chili (Schote oder gemahlen)	empfehlenswert	M
1 Prise	Pfeffer (gemahlen)	ja	M
1/2 TL	Salz Kräutersalz	empfehlenswert	W

Kochanleitung:
Kichererbsen über Nacht oder mind. 6 Stunden einweichen, Einweichwasser weg giessen, in frischem Wasser ca. 1 - 1 ½ Std. mit wenig Meeresalge und Ingwer kochen, erkalten lassen.
Würzen mit einigen Spritzern Zitronensaft, Petersilie.
Klein geschnittener oder gepresster Knoblauch mit Pfeffer würzen, je nach Belieben mehr oder weniger Koriander - und Kardamompulver, wenig Chili-Pulver. Tahin und Olivenöl hinzugeben.

Alle Zutaten zusammen pürieren. Je nach Konsistenz Wasser dazugeben. Es sollte eine geschmeidige Paste entstehen.
Auf Getreideküchlein, Cracker oder getoastetes Brot streichen oder zu Salat genießen.

6.11 Indische Dalsuppe

Reduziert innere Hitze und Feuchtigkeit, weicht auf, leitet nach unten. Stärkt Milz und Leber, reguliert Qi-Fluss, befeuchtet, entspannt, baut Qi auf, verteilt, stärkt Leber und Niere, reduziert feuchte Hitze.
Kalorien p. Portion 255
Kochdauer ca. 30 Min.
Thermische Wirkung: kühl

Menge	Zutaten		
175 g.	Linsen (Helmbohnen)	ja	W
3 EL	Sesamöl	ja	E
1 Stück	Karotte (Mohrrübe, Möhre)	empfehlenswert	E
1 Stück	Zwiebel Schalotte	ja	M

2 Tassen	Wasser	ja	E
2 Scheiben	Ingwer frisch	empfehlenswert	M
1 Prise	Salz	wenig	W
1 TL	Sojasauce	ja	W
1 TL gehackte	Petersilie	empfehlenswert	H
1 TL	Thymian	empfehlenswert	W
1 EL	Basilikum	empfehlenswert	M

Kochanleitung:
Linsen über Nacht einweichen; in einen heißen Topf Öl geben; Karotte, Zwiebel, etwas Ingwer andünsten mit Wasser aufgießen; Linsen zugeben und weich kochen; Salz oder Sojasoße zugeben und weitere 10 Minuten kochen; vor dem Servieren Petersilie unterheben; Thymian oder Basilikum drüberstreuen.

Variante: Andere Kräuter wie Salbei, Rosmarin oder Liebstöckel ermöglichen eine Vielfalt von Geschmacksnuancen.

6.12 Karpfensuppe

Nährend und leicht erwärmend, stärkt die Mitte und den Unteren Erwärmer entfernt Feuchtigkeit.
Kalorien p. Portion 499
Kochdauer ca. 2 Stunden
Thermische Wirkung: neutral

Menge	**Zutaten**		
500 g.	Karpfen	empfehlenswert	W
1 Prise	Salz	wenig	W
1 TL	Essig (Apfelessig)	ja	H
1 Zweig	Thymian	empfehlenswert	W
8 Stück	Wacholderbeere	empfehlenswert	F
2 Stück	Karotte (Mohrrübe, Möhre)	empfehlenswert	E
1 Stück	Lauch (Porree)	empfehlenswert	M
1 Stück	Zwiebel weiss	ja	M
1/2 TL	Ingwer frisch	empfehlenswert	M
3 Blatt	Lorbeerblatt	empfehlenswert	M
1/8 Liter	Weißwein	wenig	H
3 Blatt	Basilikum	empfehlenswert	M

Kochanleitung:
Vorbereitung: Beim Einkauf im Fischgeschäft die Filets von einem mittelgroßen, ganzen Karpfen herauslösen und Fischkopf, Rückgrat mit Gräten und Schwanz ebenfalls einpacken lassen.

Die Filetstücke in 1 cm große Würfel schneiden; etwas salzen und beiseite stellen.

Fischkopf, Rückgrat mit Gräten und Schwanz des Karpfens in reichlich kaltes Wasser geben; zum Kochen bringen und den Schaum abschöpfen; einen Spritzer Essig, einen frischen Zweig Thymian, Wacholderbeeren zufügen; Karotte, ein Stück Lauch und grob zerkleinerte Zwiebel hineingeben; eine dicke Scheibe Ingwer, einige Pfefferkörner, 1 Lorbeerblatt, Salz zugeben; etwa 1 1/2 Stunden köcheln und den Fond durch ein Sieb gießen.

Die Karpfenstücke in einen Topf geben; einen Schuß Weißwein zugießen; Rosenpaprika, Basilikumblättchen, fein gestiftete Karotten, getrockneten Thymian und den Fond zugeben und erwärmen; die Zutaten etwa 5 Minuten sieden lassen, bis die Fischstücke gar sind.
Varianten: Die Suppe mit Kuzu oder Kartoffelbrei andicken.
Dazu passt: Baguette und trockener Weißwein.

6.13 Kichererbsengemüse mit Rosinen

Stärkt Milz und Leber, reguliert Qi-Fluss, befeuchtet, entspannt, baut Qi auf, verteilt. Stärken Milz und Herz, weicht auf, leitet nach unten. Wärmt Magen und Milz, harmonisiert den Darm, stärkt Qi-Funktion, reduziert Feuchtigkeit.
Kalorien p. Portion 429
Kochdauer ca.
Thermische Wirkung: kühl

Menge	Zutaten		
1 Tasse	Kichererbsen	ja	W
1 EL	Hijiki	empfehlenswert	W
1 Prise	Salz	wenig	W
1 EL	Sonnenblumenöl	ja	E
2 Stück	Karotte (Mohrrübe, Möhre)	empfehlenswert	E
2 EL	Rosinen	ja	E
1/2 TL	Ingwer frisch	empfehlenswert	M
1 Prise	Cumin (Kreuzkümmel)	ja	M
1 Schuß	Zitrone Saft	weniger als angegeben	H
1 EL	Sauerrahm 15% Fett	weniger als angegeben	H
1 Prise	Curcuma (Gelbwurz)	empfehlenswert	
1 Schuß	Sojabohnenmilch	ja	E
1 Prise	Koriander	empfehlenswert	M
1 Schuß	Sojasauce	ja	W
1/2 Tasse	Reis Rundkornreis	ja	M
3 Tassen	Wasser	ja	E
1 Prise	Salz	wenig	W

Kochanleitung:
Vorbereitung: Kichererbsen in kaltem Wasser mehrere Stunden oder über Nacht einweichen. Danach: Einweichwasser wegschütten; die

Kichererbsen in kaltem Wasser aufsetzen; 1 EL Hijiki zufügen und die Kichererbsen bissfest kochen; Salz am Ende der Kochzeit zugeben.

Separat. In einer heißen Pfanne Öl, kleingeschnittene Karotten (eine größere Menge als Kichererbsen), Rosinen, geriebenen Ingwer, reichlich Cumin und Salz sanft braten, bis die Karotten halb gar sind; die Kichererbsen und Meeresalgen dazugeben; Zitronensaft, etwas Sauerrahm, Curcuma, Soja- oder Reismilch dazugeben; eine Prise Koriander, etwas Sojasoße untermengen; einige Minuten bei schwacher Hitze durchziehen lassen, bis die Karotten gar sind.

Rundkornreis mit dem Wasser aufsetzen, salzen und ca. 20 Min. kochen.

6.14 Klare Brühe aus Gänseklein

Stärkt Milz, Magen und Lunge, lindert Schwächezustände, stärkt Qi, beruhigt Magen. Bewegt Qi, leitet nach oben. Stärkt Milz und Leber, reguliert Qi-Fluss, befeuchtet, entspannt, baut Qi auf, verteilt.
Kalorien p. Portion 334
Kochdauer ca. 2-3 Stunden
Thermische Wirkung: warm

Menge	Zutaten		
500 g.	Gans (Gänseklein)	ja	M
1 Stück	Karotte (Mohrrübe, Möhre)	empfehlenswert	E
1 Stück	Zwiebel Schalotte	ja	M
1 Stück	Lauch (Porree)	empfehlenswert	M
1 Zweig	Petersilie	empfehlenswert	H
1 Zweig	Liebstöckel	ja	M
1 Prise	Kerbel	empfehlenswert	F
1 Liter	Wasser	ja	E
1 Prise	Salz	wenig	W

Kochanleitung:
Gänseklein mit Gemüse und Kräutern 2-3 Stunden köcheln. Durch ein feines Tuch sieben und abkühlen. Entfetten und im Kühlschrank aufbewahren.

6.15 Klare Ochsenschwanzsuppe mit Bocksdornfrüchten

Stärkt das Qi; nährt das Leber-Blut; bei Augenflimmern oder trockenen Augen, Muskelverspannungen oder Wadenkrämpfen durch Blut-Leere.
Kalorien p. Portion 217

Kochdauer ca. 1-2 Stunden (+Grundrezept)
Thermische Wirkung: warm

Menge	Zutaten		
1 Liter	Grundrezept für eine Rinderbrühe	empfehlenswert	
500 g.	Rind Ochsenschwanzstücke	empfehlenswert	E
4-5 Stück	Shiitake, getrocknet	ja	E
1 Stück	Zwiebel weiss	ja	M
2 EL	Sake	empfehlenswert	M
1/2 TL	Ingwer frisch	empfehlenswert	M
1 EL	Bocksdornfrüchte (Fructus Lycii)	empfehlenswert	H

Kochanleitung:
Shiitakepilze einweichen. Ochsenschwanzscheiben blanchieren; dadurch werden Fett und Unreinheiten entfernt. In der Rinderbrühe weitere 1-2 Stunden kochen. Dann Frühlingszwiebeln, Shiitakepilze, Reiswein, Bocksdornfrüchte und Ingwer zugeben und alles sanft köcheln lassen.

6.16 Klassisches Ingwerhuhn mit Reiswein

Erwärmend und nährend, leitet das Qi nach oben stärkt die Libido.
Empfehlung: bei Qi- und Yang-Schwäche von Milz, Herz und Nieren, bei Lungen-Qi-Mangel, Feuchtigkeit; bei Abwehrschwäche, Kälteempfindlichkeit, Antriebsschwäche;
Kalorien p. Portion 357
Kochdauer ca. 30 Min.
Thermische Wirkung: warm

Menge	Zutaten		
3 EL	Butter Bio	ja	E
2 EL	Ingwer frisch	empfehlenswert	M
1 Prise	Salz	wenig	W
2 Stück (Beine)	Huhn Fleisch	empfehlenswert	H
1 Schuß	Lycheelikör	empfehlenswert	F
1 Prise	Curry	weniger als angegeben	M
1 Schuß	Sake	empfehlenswert	M
4 EL	Mais	ja	E
1/2 Tasse	Hirse	ja	E
2 Tassen	Wasser	ja	E
1 PriseSalz	wenig		W
1/2 Stück	Kopfsalat	ja	F
1 EL	Olivenöl	ja	E
1 TL	Essig (Apfelessig)	ja	H
2 EL	Wasser	ja	E
1 Prise	Salz	wenig	W
1 EL	Kräuter verschiedene	empfehlenswert	

Kochanleitung:
In einer heißen Pfanne (am besten aus Gußeisen oder Emaille) Butter erhitzen; reichlich kleingeschnittenen Ingwer (etwa 1 gehäuften EL pro Hühnerbein) bei niedriger Hitze kurz anbraten; etwas Salz, Hühnerschlegel und/oder andere Teile vom Huhn rundherum bei sanfter Hitze anbraten; Lycheelikör oder Ahornsirup, wenig Curry dazugeben und kurz mitbraten; reichlich Sake unterrühren; Maiskörner (aus dem Glas, Naturkosthandel) dazugeben; alle Zutaten in der Soße einige Minuten sieden lassen, bis das Fleisch gar ist; mit Salz abschmecken.

Dazu passt: Hirse, Blattsalat oder Kopfsalat.

6.17 Kokosreis mit Kardamom

Stärkt Lunge und Milz, diuretisch, stärkt Qi, schützt Leber. Stärkt Magen und Milz, stärkt Muskeln, reduziert Feuchtigkeit. Stärkt Qi und Nieren-Jing. Stärken Qi von Herz und Lunge, löscht Durst, treibt Harn.
Kalorien p. Portion 266
Kochdauer ca. 45 Min.
Thermische Wirkung: neutral

Menge	Zutaten		
1 Tasse	Reis Langkornreis	ja	M
6 Tassen	Wasser	ja	E
1 EL	Zucker Ursüße (Zuckerrohr) süß	ja	E
1 TL	Kardamom	empfehlenswert	M
1/2 TL	Ingwer frisch	empfehlenswert	M
2 EL	Butter Bio	ja	E
2 EL	Kokosraspeln	ja	E
1 EL	Cashewnüsse	ja	E
1 EL	Rosinen	ja	E
1 Prise	Salz	wenig	W
1/2 Stück	Zitrone	weniger als angegeben	H
300 g.	Kürbis	empfehlenswert	E
2 EL	Olivenöl	ja	E
1 Prise	Koriander	empfehlenswert	M
1 Prise	Pfeffer (gemahlen)	ja	M
1 Prise	Curry	weniger als angegeben	M
50 ml.	Wasser	ja	E
1 Prise	Salz	wenig	W
1 EL	Petersilie	empfehlenswert	H
1 Prise	Kardamom	empfehlenswert	M
1 Prise	Kurkuma (Gelbwurz)	empfehlenswert	F

Kochanleitung:
Vorbereitung: Langkornreis in kaltem Wasser 1 Stunde einweichen und abtropfen lassen.

Danach: Frisches Wasser zum Kochen bringen; etwas Vollrohrzucker, reichlich gemahlenen Kardamom oder einige Kardamomkapseln, geriebenen Ingwer und den Reis ins heiße Wasser geben und gar kochen.

Separat: In einem heißen Topf etwas Butter erhitzen; Kokosraspel, Cashewkerne und Rosinen darin rösten; den gekochten Reis und Salz dazugeben; Zitronensaft darüberträufeln; alles vermengen und einige Minuten durchziehen lassen.

Kürbisgemüse: Olivenöl in Pfanne erwärmen. Kürbis in Würfel geschnitten darin andünsten, würzen mit Koriander, Pfeffer und Curry, ablöschen mit wenig Wasser, mit Meersalz salzen, klein geschnittene Petersilie dazugeben mit Kardamom und Kurkuma würzen, auf kleinem Feuer ca. 10 Min. köcheln, je nach Kürbisart, der Kürbis sollte noch bissfest sein.

6.18 Kokossuppe

Stärkt Qi und Blut; ist sehr wärmend. Nährt Yin, Blut und Jing, befeuchtet, entspannt, baut Qi auf, verteilt. Bewegt Qi, leitet nach oben. Löst Stagnation.
Kalorien p. Portion 151
Kochdauer ca. 20 Min. (+Grundrezept)
Thermische Wirkung: warm

Menge	Zutaten		
2 EL	Olivenöl	ja	E
1 Stück	Lauch (Porree)	empfehlenswert	M
1 kleine	Zwiebel weiss	ja	M
1 Liter	Grundrezept für eine Hühnerbrühe	empfehlenswert	
1/2 Saft	Zitrone, Limette	weniger als angegeben	H
2 El	Kokosflocken	ja	E
1/4 Liter	Kokosmilch	ja	E
1 Prise	Piment	weniger als angegeben	M
1 Prise	Chili (Schote oder gemahlen)	empfehlenswert	M
1 Prise	Salz Kräutersalz	empfehlenswert	W
1 EL	Zitronengras	empfehlenswert	

Kochanleitung:
Olivenöl in Pfanne geben, klein geschnittener Lauch und Zwiebel darin andünsten, mit Hühnerbrühe auffüllen, Zitronengras dazugeben, ca. 15 Min. köcheln lassen, Kokosflocken und Kokosmilch, Piment und Chili dazugeben, mit Kräutersalz salzen. Mit Zitronengras garnieren

6.19 Kompott aus Kirschen

Befeuchtet Leber und Niere, stärkt Mitte, reduziert Blutstau, reduziert innere Hitze. Erwärmt Magen und Milz, fördert Durchblutung und Leitbahnfluss, lindert Kälte-Übel und Schmerzen.
Kalorien p. Portion 31
Kochdauer ca. 10 Min.
Thermische Wirkung: warm

Menge	Zutaten		
100 g.	Kirsche	ja	E
2 Tassen	Wasser	ja	E
1 Prise	Zimtpulver	empfehlenswert	M

Kochanleitung:
Kirschen im Wasser weich kochen. Mit etwas Zimt bestreuen.

Kuzusuppe in der Früh
Befeuchtet, entspannt, baut Qi auf, verteilt. Stärkt Magen, harmonisiert Mitte, reduziert innere Hitze, entgiftet, weicht auf, leitet nach unten.
Kalorien p. Portion 12
Kochdauer ca. 5 min.
Thermische Wirkung: neutral
Therapeutisches Rezept

Menge	Zutaten		
1 TL	Kuzu	ja	E
1/4 Liter	Wasser	ja	E
1 Schuß	Sojasauce	ja	W
1 Messerspitze	Umeboshipaste	empfehlenswert	W

Kochanleitung:
Kuzu mit kaltem Wasser anrühren und unter Rühren zum Kochen bringen. Sobald es glasig wird vom Herd nehmen und abkühlen lassen. Mit Tamari und Umeboshipaste oder zerkleinerten Umeboshi-Pflaumen abschmecken

Es besteht immer die Möglichkeit Ihren Magen und Darm mit diesem Rezept vor dem richtigen Frühstück zu unterstützen.
Eine morgendliche Kur für Magen und Schleimhäute. Bringt den Basenhaushalt in Ordnung.

6.20 Lammgeschnetzeltes mit Rosmarinkartoffeln

Stärkt Milz- und Nieren-Yang und Magen-Qi, lindert Schwächezustände, erwärmt Mittleren und Unteren Erwärmer. Stärkt Qi, lindert Entzündungen, befeuchtet, entspannt, baut Qi auf, verteilt.
Kalorien p. Portion 461
Kochdauer ca. 1 Stunde
Thermische Wirkung: warm

Menge	Zutaten		
450 - 500 g.	Lamm Fleisch	empfehlenswert	F
2 EL	Olivenöl	ja	E
1 Stück	Zwiebel weiss	ja	M
1 Zehe	Knoblauch	empfehlenswert	M
1 Prise	Muskatnuss	empfehlenswert	M
3 Stück	Karotte (Mohrrübe, Möhre)	empfehlenswert	E
1/4 Knolle	Sellerie Knolle	empfehlenswert	E
1 Zweig	Rosmarin	wenig	F
1 TL	Bohnenkraut	ja	W
1 EL	Petersilie	empfehlenswert	H
1 Prise	Rosenpaprika	empfehlenswert	F
1/8 Liter	Rotwein	wenig	F
1 Prise	Salz Kräutersalz	empfehlenswert	W
1/2 Stück	Zitrone Saft	weniger als angegeben	H
1 EL	Preiselbeere	empfehlenswert	H
6 Stück	Kartoffel	ja	E

Kochanleitung:
Lammhüfte in Streifen schneiden, Karotten und Sellerie in kleine Würfel schneiden

Olivenöl in Pfanne erwärmen, Lammfleisch darin anbraten, geschnittene Zwiebeln und Knoblauch dazugeben, Salzen mit Kräutersalz,
ganz wenig Wasser, Petersilie, mit Rotwein ablöschen, würzen mit Paprika und klein geschnittenem Rosmarin, Beifuß, Bohnenkraut, Karotten und Sellerie dazugeben, Hitze zurückdrehen auf kleinem Feuer ca. 35 Minuten köcheln lassen. Nachwürzen mit Pfeffer und Muskat, evt. noch nachsalzen, wenig Zitronensaft dazugeben, nachwürzen mit Paprika, Preiselbeeren unterziehen

Kartoffeln in der Länge halbieren, wenig Olivenöl auf die Schnittfläche streichen, salzen, 2 - 3 Rosmarinnadeln auf jede halbe Kartoffel streuen, Kartoffeln auf Backblech stellen und im vorgeheizten Backofen ca. 25 Minuten auf 190 Grad backen.

6.21 Lauchsuppe mit Mandelmus

Bewegt Qi. Befeuchten Lunge und Dickdarm. Kühlt Hitze, bewahrt die Säfte, zieht zusammen. Stärkt Qi, befeuchtet, entspannt, verteilt.
Kalorien p. Portion 115
Kochdauer ca. 20 Min.
Thermische Wirkung: warm

Menge	Zutaten		
1/2 Liter	Wasser	ja	E
1 Prise	Zucker Ursüße (Zuckerrohr) süß	ja	E
2 Stück	Lauch (Porree)	empfehlenswert	M
1 Prise	Salz	wenig	W
1/2 Stück	Zitrone Saft	weniger als angegeben	H
1 Zweig	Rosmarin	wenig	F
alternativ zu Rosmarin	Rosenpaprika	empfehlenswert	F
1/2 TL	Kuzu	ja	E
1 EL	Kartoffelmehl	empfehlenswert	E
2 EL	Mandelmus	ja	E
einige Tropfen	Sesamöl	ja	E
1 Prise	Pfeffer weiss (gemahlen)	ja	M

Kochanleitung:
In heißes Wasser eine Prise Vollrohrzucker geben, kleingeschnittenen Lauch und eine Prise Salz dazugeben; köcheln, bis der Lauch halb gar ist; mit Zitronensaft, frischem Rosmarin oder Rosenpaprika abschmecken; Kuzu, Kartoffelmehl separat in kaltem Wasser auflösen; die Suppe damit eindicken; Mandelmus, einige Tropfen geröstetes Sesamöl, Pfeffer dazugeben und köcheln, bis der Lauch gar ist.

6.22 Linsen-Reis-Eintopf

Stärkt Milz und Leber, reguliert Qi-Fluss, befeuchtet, stärkt Qi-Funktion, reduziert Feuchtigkeit. Bewegt Leber-Qi, kühlt Hitze.
Kalorien p. Portion 232
Kochdauer ca. 25 Min.
Thermische Wirkung: warm

Menge	Zutaten		
100 g.	Linsen (Helmbohnen)	ja	W
5 Tassen	Wasser	ja	E
1 Tasse	Reis Sorte beliebig	ja	M
1 EL	Sesamöl	ja	E
2 Stück	Karotte (Mohrrübe, Möhre)	empfehlenswert	E
2 Stangen	Sellerie Stangensellerie	ja	E
1 Prise	Cumin (Kreuzkümmel)	ja	M
1 Prise	Salz	wenig	W
1 Schuß	Essig (Apfelessig)	ja	H
2 EL	Petersilie	empfehlenswert	H

Kochanleitung:
Linsen einweichen; in einem heißen Topf Sesamöl erhitzen; Karotte und Stangensellerie klein schneiden und andünsten; Reis, eine Prise Cumin und Linsen dazugeben und aufkochen; wenn die Linsen weich sind, Salz zugeben; mit etwas Essig abschmecken und mit Petersilie garnieren.
Variante: Im Sommer kann man das Cumin weglassen und frische grüne Erbsen, Chinakohl oder Stangensellerie dazunehmen.

6.23 Mungobohnen-Eintopf

Leitet überschüssige Hitze aus; ist sehr nahrhaft. Reduziert Hitze und Gift, weicht auf, leitet nach unten. Wärmt Magen und Milz, harmonisiert den Darm, stärkt Qi-Funktion, reduziert Feuchtigkeit.
Kalorien p. Portion 665
Kochdauer ca. 2 Stunden
Thermische Wirkung: kühl

Menge	Zutaten		
1/4 Kg.	Mungobohne	ja	W
3 EL	Sonnenblumenöl	ja	E
1/2 TL	Amaranth	empfehlenswert	F
1/2 TL	Fenchelsamen gemahlen	empfehlenswert	E
1/2 TL	Cumin (Kreuzkümmel)	ja	M
1/2 TL	Koriander	empfehlenswert	M
1/2 Tasse	Reis Rundkornreis	ja	M
3 Tassen	Wasser	ja	E
2 cm.	Ingwer frisch	empfehlenswert	M
3 cm.	Kombualge	weniger als angegeben	W
1 Prise	Salz	wenig	W
1 EL	Petersilie	empfehlenswert	H

Kochanleitung:
Mungobohnen über Nacht einweichen; in einem heißen Topf Sonnenblumenöl erhitzen; Amaranth, Fenchelsamen, Cumin und Koriander einrühren und kurz anrösten; Basmatireis, etwas Ingwer und Mungobohnen zugeben und kurz rösten; Wasser aufgießen und alles aufkochen; ein Stück Kombu-Alge und Salz hineingeben. 1-1/2 Stunden köcheln; mit Petersilie oder Koriander grün garnieren.

6.24 Nierenbohneneintopf mit Lamm und Salbei

Nähren Yin von Herz und Niere. Stärkt Milz- und Nieren-Yang, stärkt Qi, erwärmt Mittleren und Unteren Erwärmer. Löst Stagnation, verteilt.
Kalorien p. Portion 391
Kochdauer ca. 1 1/2 Stunden
Thermische Wirkung: warm

Menge	Zutaten		
3 EL	Sojaöl	ja	E
2 Stück	Zwiebel weiss	ja	M
200 g	Lamm Fleisch	empfehlenswert	F
1 Prise	Salz	wenig	W
4-5 Blätter	Salbei	ja	F
1/2 TL	Rosmarin	wenig	F
1/2 TL	Thymian	empfehlenswert	W
250 g.	Nierenbohnen (rote)	empfehlenswert	W
3/4 Liter	Wasser	ja	E

Kochanleitung:
Nierenbohnen über Nacht in Wasser einweichen. In einem Topf Zwiebel mit Öl anrösten. Das Lamm in Würfel schneiden und in den Topf geben. Mit Salz, Salbei, Rosmarin und Thymian würzen. Lamm gut anrösten und Topf zudecken. Bei kleiner Flamme dünsten lassen und nach 10 min einen dreiviertel Liter kaltes Wasser dazu. Wieder etwas salzen. Zum Kochen bringen. Wenn das Wasser kocht, Bohnen dazu. Mind. 1 Stunde köcheln bis Bohnen und Fleisch weich sind.

6.25 Polenta mit Spiegelei

Nährend und leicht erwärmend, baut Qi auf. Stärkt Blut, Yin und Jing. Stärkt Magen-Qi, diuretisch, befeuchtet, entspannt, baut Qi auf, verteilt. Bewegt Qi, stärkt Säfteproduktion, reduziert Kälte-Übel.
Nicht: bei Feuchter Hitze der Gallenblase.
Kalorien p. Portion 410
Kochdauer ca. 15 Min.
Thermische Wirkung: warm

Menge	Zutaten		
2 Tassen	Wasser	ja	E
1 Tasse	Mais Grieß (Polenta)	ja	E
1 Prise	Ingwer frisch	empfehlenswert	M
1/2 Tl	Butter Bio	ja	E
1 Prise	Pfeffer (gemahlen)	ja	M
1 Prise	Muskatnuss	empfehlenswert	M
1 Prise	Salz	wenig	W
1 Spritzer	Zitrone Saft	weniger als angegeben	H
1 Prise	Rosenpaprika	empfehlenswert	F
4 Stück	Huhn Ei	ja	E
2 EL	Lauchzwiebel Schnittlauch	ja	M

Kochanleitung:
In einen Topf mit heißem Wasser Polenta, etwas Ingwer kleingeschnitten einrühren; quellen lassen, bis die Polenta gar ist; ein Stück Butter, Pfeffer, Muskat, Salz, einige Spritzer Zitrone, eine Prise Rosenpaprika unterrühren; die Polenta in eine feuerfeste Schüssel

geben; 1 Spiegelei pro Person draufsetzen; im Backofen einige Minuten überbacken, so dass das Eigelb noch flüssig ist; mit gemahlenem Pfeffer, Schnittlauch nach Belieben, fein geschnitten, mit etwas Salz bestreuen.

6.26 Quinoa mit Pfirsich

Nährt Blut und Säfte, bewegt Blut, baut Qi auf, verteilt. Stärkt Qi, trocknet aus, leitet nach unten. Stärkt Mittleren Erwärmer, befeuchtet.
Kalorien p. Portion 247
Kochdauer ca. 20 min.
Thermische Wirkung: warm

Menge	Zutaten		
1 Tasse	Quinoa	empfehlenswert	F
2 Tassen	Wasser	ja	E
2 TL	Honig	weniger als angegeben	E
2 Stück	Pfirsich	ja	E
2 TL	Leinöl	empfehlenswert	E
1 TL gehackte	Zitronenmelisse (frisch)	empfehlenswert	M
1 Prise	Chili (Schote oder gemahlen)	empfehlenswert	M
1 Prise	Zimtpulver	empfehlenswert	M
1 Prise	Vanille	ja	E

Kochanleitung:
Am Abend: Quinoa in heißes Wasser und zugedeckt 15 bis 20 weich kochen.
In der Früh: Quinoa mit 1 El Wasser aufwärmen.
Pfirsiche in einem Topf leicht dünsten oder frisch dazu geben. Mit frischer Zitronenmelisse dekorieren.

Sommer: Nektarinen, Marillen
Winter: Eingelegtes Obst, Birne, Äpfel

6.27 Quinoa pikant + Avocado

Nährt Yin von Leber, Lunge und Dickdarm, befeuchtet, entspannt, baut Qi auf, verteilt. Stärkt Milz und Leber, reguliert Qi-Fluss, entspannt, baut Qi auf, verteilt. Stärkt Qi, Reguliert Qi, wärmt Milz und Niere, löst Stagnation
Kalorien p. Portion 561
Kochdauer ca. 20 min.
Thermische Wirkung: kühl

Menge	Zutaten		
2 Tassen	Wasser	ja	E
1 Tasse	Quinoa	empfehlenswert	F
1 Stück geraspelt	Karotte (Mohrrübe, Möhre)	empfehlenswert	E

2 EL gehackte	Zwiebel Frühlingszwiebel	ja	M
1/2 TL	Curcuma (Gelbwurz)	empfehlenswert	
1 Stück weiche	Avocado	empfehlenswert	E
1 Prise	Salz	wenig	W
1 Prise	Pfeffer (gemahlen)	ja	M
2 TL	Leinöl	empfehlenswert	E

Kochanleitung:
Quinoa in heißes Wasser, geraspelte Karotte dazu, Pfeffer und Salz, grünen Teil der Frühlingszwiebel, Curcuma, Weißen Teil der Frühlingszwiebel.
Nach 20 min vom Feuer ziehen
Vorgeschnittene Avocado untermischen
Einen Schuß Öl dazu und mit frischer Petersilie und Gomasio bestreuen

Gewürze und Kräuter : Kurkuma, Kardamom, Kresse, Petersilie, Schnittlauch

Variation:. Für die, die es deftiger wollen, kann auch eine Sardine aus der Biofischkonserve verwendet werden. Falls Sie der „Eiweiß-Typ" sind, hält dieses Frühstück besonders lange satt!

6.28 Rasche Flocken mit Kompott oder Marmelade

Stärkt Qi, trocknet aus, leitet nach unten. Stärkt Mittleren Erwärmer, befeuchtet. Befeuchtet, entspannt, baut Qi auf, verteilt. Stärken Nieren-Qi, -Essenz und Gehirn, stärkt Niere. Wärmt Mitte.
Kalorien p. Portion 231
Kochdauer ca. 5 min.
Thermische Wirkung: warm

Menge	**Zutaten**		
5–7 EL	Quinoa	empfehlenswert	F
1/4 Liter	Wasser	ja	E
1 Tasse	Kirschenkompott	empfehlenswert	E
1 EL gerieben	Walnüsse	ja	E
1 EL	Olivenöl	ja	E
2 EL	Honig	weniger als angegeben	E
1 Prise	Vanille	ja	E
1 Prise	Anis (gemeiner Fenchel)	empfehlenswert	E
1 Prise	Kardamom	empfehlenswert	M
1 Prise	Chili (Schote oder gemahlen)	empfehlenswert	M

Kochanleitung:
Flocken in eine Pfanne geben und mit Wasser aufgießen. 3-5 Minuten aufkochen, vom Feuer ziehen, Nüsse und Kompott dazugeben. Ein Schuß Öl dazugeben. Süßen nach Bedarf mit Honig, Vollrohrzucker

oder Agavendicksaft.

Gewürze und Aromen : Vanille, Anis, Fenchel oder Koriander,
Kardamom, wenig Chili
Winter: Apfelkompott, Birnenkompott, Früchtemarmelade
Sommer: Zwetschkenkompott, Marillenkompott

6.29 Reis-Congee mit Trockenfrüchten

Wärmt Magen und Milz, harmonisiert den Darm, stärkt Qi-Funktion,
reduziert Feuchtigkeit. Nährt Blut und Yin, harmonisiert Lungen-Qi.
Stärkt Qi und Nieren-Jing, befeuchtet, entspannt, baut Qi auf, verteilt.
Kalorien p. Portion 210
Kochdauer ca. 10 Min. (+Grundrezept)
Thermische Wirkung: warm

Menge	Zutaten		
4 Tassen	Grundrezept für eine Reissuppe	empfehlenswert	
1/2 EL	Butter Bio	ja	E
6 EL	Aprikose getrocknet	empfehlenswert	E
1/2 Tasse	Wasser	ja	E
1 Schuß	Ahornsirup	ja	E

Kochanleitung:
Reis-Congee nach Grundrezept kochen.

Etwas Butter bei kleiner Flamme zerlassen und klein geschnittene
Trockenfrüchte mit 1/2 Tasse Wasser kurz darin dünsten. Die für die
Mahlzeit gewünschte Menge an Reisbrei zugeben und erhitzen. Heiß
servieren und bei Bedarf mit Ahornsirup nachsüßen.
 Variante: Zusätzlich frisches Obst mit andünsten.

6.30 Reis-Congee mit zerstoßenen Walnüssen

Nährend und leicht erwärmend, erwärmt die Mitte baut Qi auf. Wärmt
Magen und Milz, harmonisiert den Darm, stärkt Qi-Funktion, reduziert
Feuchtigkeit.
Kalorien p. Portion 406
Kochdauer ca. 2 Stunden und mehr
Thermische Wirkung: warm

Menge	Zutaten		
4 Tassen	Grundrezept für eine Reissuppe	empfehlenswert	
2-3 EL	Zucker Ursüße (Zuckerrohr) süß	ja	E
1 Tasse	Walnüsse	ja	E
1 Prise	Zimtpulver	empfehlenswert	M

Kochanleitung:
Grundrezept für Reissuppe (Congee) kochen
Hinweis: Die Walnüsse können von Anfang an mitgekocht werden.
Variante: Nach Belieben mit süßen oder pikanten Zutaten verfeinern.
Insbesondere Zimt, Nelken, und Ingwer erhöhen die erwärmende
Wirkung und die Bekömmlichkeit.

6.31 Reis-Dulse-Suppe

Stärkt Milz und Leber, reguliert Qi-Fluss, entspannt, baut Qi auf, verteilt.
trocknet aus, leitet nach unten. Stärkt Magen-Qi. Wärmt Magen und
Milz, harmonisiert den Darm, stärkt Qi-Funktion, reduziert Feuchtigkeit.
Kalorien p. Portion 190
Kochdauer ca. 5 min (+Grundrezept)
Thermische Wirkung: warm

Menge	Zutaten	
4 Tassen	Grundrezept für eine Reissuppe	empfehlenswert
1/2 Liter	Grundrezept für eine Gemüsebrühe	empfehlenswert
2 EL	Dulse (Lappentang)	empfehlenswert W

Kochanleitung:
Eine Portion vorgekochtes Grundrezept für eine Reissuppe (Congee)
mit vorgekochtes Grundrezept für eine Gemüsebrühe nahrhaft
aufwärmen.

Dulse im Backofen bei 220 Grad 3 Min. backen. Die knusprige Dulse
über die Suppe streuen.

6.32 Reisnudelsuppe mit Shiitakepilzen

Stärkt Milz und Leber, reguliert Qi-Fluss, entspannt, baut Qi auf, verteilt.
trocknet aus, leitet nach unten. Stärkt Magen-Qi. Nährt Yin von Lunge,
Magen und Dickdarm, unterstützt die Verdauung. Reduziert inneren
Wind
Kalorien p. Portion 65
Kochdauer ca. 20 Min. (+Grundrezept)
Thermische Wirkung: neutral

Menge	Zutaten		
2 Handvoll	Reisnudeln		ja M
4-6 Stück	Shiitake, getrocknet		ja E
2 Tassen	Grundrezept für eine Gemüsebrühe	empfehlenswert	
1 Tasse	Chinakohl		ja E
1 TL	Liebstöckel		ja M
2 EL	Miso		ja W

Kochanleitung:
Reisnudeln und Shiitakepilze getrennt in kaltem Wasser einweichen. Gemüsebrühe erhitzen und eingeweichte, in Streifen geschnittene Shiitakepilze zugeben und sanft köcheln. Chinakohl nudelig schneiden, Liebstöckelgrün und Reisnudeln dazugeben und kurz ziehen lassen. Vor dem Servieren in etwas abgekühltem Kochwasser gelöstes Miso einrühren.

Empfehlung: Geeignet zu Beginn jeder Mahlzeit, auch zum Frühstück

6.33 Reissuppe mit frischen Früchten

Stärkt Niere und Blase. Stärkt Qi und Nieren-Jing, befeuchtet, entspannt, baut Qi auf. Reduziert innere Hitze, produziert Körpersäfte. Stärkt Mitte, befeuchtet, entspannt, verteilt. Vertreibt Kälte, löst Stagnation, treibt Schweiß, regt Nerven an.
Kalorien p. Portion 143
Kochdauer ca. 1 1/2 Stunden
Thermische Wirkung: kühl

Menge	Zutaten		
1 Tasse	Reis Wilder (Naturreis)	ja	M
8 Tassen	Wasser	ja	E
2 Tassen	Apfel (süß)	ja	E
1 EL	Butter Bio	ja	E
1 Prise	Vanille	ja	E
1 kleine Prise	Chili (Schote oder gemahlen)	empfehlenswert	M
2 TL	Zucker Ursüße (Zuckerrohr) süß	ja	E

Kochanleitung:
Reis-Congee nach Grundrezept zubereiten. Am Ende klein geschnittene Früchte nach Saison, Vanille, Chili und Butter zugeben; nach Geschmack süßen.

Variante: Mit Nüssen kann das Gericht jederzeit reichhaltiger und sättigender gestaltet werden.

Wirkung: Gekochte oder gedünstete Früchte sind leichter verdaulich und wirken besser auf die Produktion von Körpersäften als rohe. Bei einigen Früchten, die sich besonders für heiße Tage im Sommer eignen - wie Melonen und Beeren-, empfiehlt es sich dennoch, die Früchte nur zum heißen Brei hinzuzufügen. Andere Obstsorten - wie Äpfel, Birnen, Pflaumen und Kirschen - können auch eine Weile mitgeköchelt werden

6.34 Reissuppe mit geraspelten Karotten und frischen Kräutern

Stärkt Milz und Leber, reguliert Qi-Fluss, befeuchtet, entspannt, baut Qi auf, verteilt. Stärkt Niere und Blase.
Kalorien p. Portion 131
Kochdauer ca. 5 min.
Thermische Wirkung: neutral

Menge	Zutaten		
1 Tasse	Reis Wilder (Naturreis)	ja	M
6 Tassen	Wasser	ja	E
1 Stück	Karotte (Mohrrübe, Möhre)	empfehlenswert	E
1 Schuß	Sojasauce	ja	W
1 TL	Butter Bio	ja	E
1 Prise	Kümmel	empfehlenswert	E
1 Prise	Curcuma (Gelbwurz)	empfehlenswert	
1 TL gehackt	Kräuter verschiedene	empfehlenswert	

Kochanleitung:
In einer Portion vorgekochtem Reis-Congee eine geraspelte Karotte weichkochen, Butter und Sojasauce dazugeben
Mit frischen Kräutern bestreuen
Gewürze und Kräuter : Schwarzkümmel, Kurkuma, Kardamom, Petersilie, Salbei, Thymian, Basilikum, Rosmarin
Wintereinstieg : Pastinaken, Sellerie, Zwiebel, Lauch, Kürbis
Sommereinstieg : Tomaten, Zucchini, Frühlingszwiebel, Radieschen, Rucola

6.35 Rettichgemüse mit Frühlingszwiebeln und Karotten

Nährend, befeuchtend und dynamisierend, bewegt Qi und Blut. Löst Stagnation, leitet nach oben. Stärkt Magen-Qi, diuretisch, befeuchtet, entspannt, baut Qi auf, verteilt. Reguliert QI, wärmt Milz und Niere.
Kalorien p. Portion 246
Kochdauer ca. 30 Min.
Thermische Wirkung: neutral

Menge	Zutaten		
2 Stück	Karotte (Mohrrübe, Möhre)	empfehlenswert	E
1/2 Stück	Rettich schwarz	ja	M
1 Messerspitze	Ingwer Pulver	weniger als angegeben	M
1 Stück	Zwiebel Frühlingszwiebel	ja	M
1 Prise	Salz	wenig	W
1 Schuß	Sojasauce	ja	W
2 EL	Zitrone Saft	weniger als angegeben	H
1 Prise	Curcuma (Gelbwurz)	empfehlenswert	

1 Prise	Rosenpaprika	empfehlenswert	F
1 TL	Butter Bio	ja	E
1/4 Liter	Wasser	ja	E
1 Tasse	Mais Grieß (Polenta)	ja	E
1 Prise	Salz	wenig	W

Kochanleitung:
In heißem Wasser, in feine Streifen geschnittene Karotten, schwarzen oder weißen fein geschnitten Rettich, eine Msp. geriebenen Ingwer 10 Minuten dünsten; währenddessen kleingeschnittene Frühlingszwiebeln, Salz, Sojasoße, etwas Zitronensaft, eine Prise Kurkuma oder Rosenpaprika und ein Stück Butter unterrühren.
Die Polenta in einen Topf mit heißem Wasser unter ständigem Rühren einrieseln bis die Polenta die gewünschte Konsistenz hat. Die Polenta vom Feuer ziehen und ca 10 min quellen lassen.

6.36 Rettichgemüse mit Meerrettich

Leicht erfrischend und befeuchtend löst Stagnation. Nährt Blut und Leber, harmonisiert Leber und Milz, stärkt Sehkraft, bewahrt die Säfte, zieht zusammen. Nährt Lunge und Milz, vertreibt Schleim, löst Schleim, löst Stagnation, leitet nach oben.
Kalorien p. Portion 196
Kochdauer ca. 30 Min.
Thermische Wirkung: neutral

Menge	Zutaten		
1 EL	Butter Bio	ja	E
1/2 Stück	Rettich (weiß, grün, lila-rot)	ja	M
3 EL	Wasser	ja	E
2 EL	Zitrone Saft	weniger als angegeben	H
2 EL	Weißwein	wenig	H
1 Prise	Rosenpaprika	empfehlenswert	F
1 TL	Sesamöl	ja	E
2-3 EL	Rettich Meerrettich (Kren)	empfehlenswert	M
1 Prise	Salz	wenig	W
1 Bund gehackte	Petersilie	empfehlenswert	H
1/2 Tasse	Reis Langkornreis	ja	M
3 Tassen	Wasser	ja	E
1 Prise	Salz	wenig	W

Kochanleitung:
In einer heißen Pfanne die Butter schmelzen, in Stifte geschnittenen Rettich andünsten. Mit kaltem Wasser aufgießen, Zitronensaft, Weißwein, eine Prise Rosenpaprika und das Sesamöl unterrühren; mit 2 - 3 EL frisch geriebenem Meerrettich (ersatzweise 1 TL aus dem Glas), Salz abschmecken; gehackte Petersilie drüberstreuen.
Reis mit dem Wasser aufstellen, salzen und ca. 15 Min. kochen lassen.

6.37 Rindfleischsuppe mit buntem Gemüse und Pilzen

Nährend und leicht erwärmend, baut Qi und Säfte auf. Stärkt Milz-Qi, stärkt Blut und Qi, entspannt, baut Qi auf, verteilt. Bewegt Qi und Blut, diuretisch. Nährt Lungen-Yin, produziert Körpersäfte.
Kalorien p. Portion 142
Kochdauer ca. 2-6 Stunden
Thermische Wirkung: warm

Menge	Zutaten		
3/4 Liter	Wasser	ja	E
1 Spritzer	Zitrone	weniger als angegeben	H
1 Prise	Rosenpaprika	empfehlenswert	F
500 g.	Rind Fleisch	empfehlenswert	E
1 Tasse	Brokkoli	ja	E
1 Tasse	Kohlrabi	ja	E
2 cm.	Ingwer frisch	empfehlenswert	M
2 EL	Oregano frisch	empfehlenswert	M
1 Spritzer	Sojasauce	ja	W
2 EL	Weißwein	wenig	H
4-6 Stück	Austernpilze	ja	E
3-4 EL	Chinakohl	ja	E
1 Prise	Pfeffer (gemahlen)	ja	M
2-3 Stück	Zwiebel Frühlingszwiebel	ja	M
1 Prise	Salz	wenig	W

Kochanleitung:
Wenig kaltes Wasser aufsetzen (soviel, dass das Fleisch eben bedeckt wird); einen Spritzer Zitronensaft, eine Prise Rosenpaprika, Rindersuppenfleisch oder Beinscheibe zum Kochen bringen und einen Moment sieden lassen; dann die Brühe weggießen, das Fleisch mit heißem Wasser abbrausen (dadurch erspart man sich das Abschäumen), den Topf säubern und erneut das Fleisch in heißem Wasser aufsetzen; kleingeschnittene Stiele vom Broccoli, kleingeschnittenen Kohlrabi, ein Stück in Scheiben geschnittenen Ingwer dazugeben; köcheln, bis das Fleisch gar ist; reichlich getrockneten Oregano, Sojasoße, Weißwein oder Zitronensaft, etwas Rosenpaprika oder frischen Oregano, in Streifen geschnittene Austernpilze oder Shiitakepilze dazugeben, die Röschen vom Broccoli, kleingeschnittenen Chinakohl hineingeben; köcheln, bis die Zutaten gar sind; gemahlenen Pfeffer, reichlich kleingeschnittene Frühlingszwiebeln zufügen; kurz sieden lassen, mit Salz, Zitronensaft abschmecken.

6.38 Rindfleischsuppe mit Karotten, Lauch, Lorbeer

Stärkt Milz-Qi, stärkt Blut und Qi, befeuchtet, entspannt, baut Qi auf, verteilt. Stärkt Milz und Leber, reguliert Qi-Fluss. Stärkt Magen-Qi.
Kalorien p. Portion 194
Kochdauer ca. 2-3 Stunden
Thermische Wirkung: warm

Menge	Zutaten		
1/2 Kg.	Rind Fleisch	empfehlenswert	E
2 Stück	Karotte (Mohrrübe, Möhre)	empfehlenswert	E
1/2 Stück	Lauch (Porree)	empfehlenswert	M
3 Blätter	Lorbeerblatt	empfehlenswert	M
1 EL	Mais Grieß (Polenta)	ja	E
1/2 Liter	Wasser	ja	E
1 Prise	Salz	wenig	W

Kochanleitung:
Wenig kaltes Wasser aufsetzen (soviel, dass das Fleisch eben bedeckt wird); Rindersuppenfleisch oder Beinscheibe zum Kochen bringen und einen Moment sieden lassen; dann die Brühe weggießen, das Fleisch mit heißem Wasser abbrausen (dadurch erspart man sich das Abschäumen), den Topf säubern und erneut das Fleisch in heißem Wasser aufsetzen; kleingeschnittene Karotte, Lauch, den Mais und Lorbeer hinzugeben; köcheln, bis das Fleisch gar ist.

6.39 Rote Linsen mit Avocado und Rettich

Nährend und befeuchtend baut Qi und Säfte auf. treibt Schweiß, reduziert Blutfett, regt an, löst Stagnation.
Kalorien p. Portion 268
Kochdauer ca. 20 Min.
Thermische Wirkung: kühl

Menge	Zutaten		
2 Scheiben	Ingwer frisch	empfehlenswert	M
2 Tassen	Wasser	ja	E
1 Tasse	Linsen rot	ja	W
3 cm.	Wakame	weniger als angegeben	W
1 Prise	Salz	wenig	W
1 Spritzer	Zitrone Saft	weniger als angegeben	H
1 Prise	Curcuma (Gelbwurz)	empfehlenswert	
1 Stück	Avocado	empfehlenswert	E
1 Prise	Pfeffer (gemahlen)	ja	M
1 Prise	Rosenpaprika	empfehlenswert	F
1 Schuß	Sesamöl	ja	E
1 Tasse	Rettich (weiß, grün, lila-rot)	ja	M

Kochanleitung:
Etwas kleingeschnittenen Ingwer in einen Topf geben; kaltes Wasser, geschälte rote Linsen, ein Stück Wakame oder eine kleine Menge Hijiki dazugeben und gar köcheln; mit Salz, etwas Zitronensaft, Kurkuma abschmecken.
Währenddessen: ½ Avocado pro Portion auf einem Drittel des Tellers anrichten: gemahlenen Pfeffer, eine Prise Salz, etwas Zitronensaft, eine Prise Rosenpaprika, ganz wenig Sesamöl darübergeben; geraspelter Rettich auf das zweite Tellerdrittel geben; das Linsengericht in das letzte Drittel des Tellers füllen.
Variante: Radieschenscheiben an Stelle des Rettichs verwenden.

6.40 Schwarzaugenbohnen-Eintopf

Stärkt Milz und Niere; ist sehr nahrhaft. Stärkt Qi-Funktion.
Kalorien p. Portion 140
Kochdauer ca. 20 Min.
Thermische Wirkung: warm

Menge	Zutaten		
1 Tasse	Schwarzaugenbohnen	ja	W
2 Tassen	Reis Sorte beliebig	ja	M
10 Tassen	Wasser	ja	E

Kochanleitung:
Bohnen über Nacht einweichen. In einem Verhältnis von 1:2 die Bohnen mit dem Reis zusammen weich köcheln. Je nachdem, wie heiß die Flamme ist und wie dünn das Gericht sein soll, muss mehr Wasser hinzugefügt werden.
Variante: In Öl angebratene Gemüse wie Karotten, Sellerieknolle, Zwiebeln oder Lauch dazugeben.

6.41 Süße Polenta mit Pfirsich

Nährend und erwärmend, harmonisiert die Mitte.
Kalorien p. Portion 330
Kochdauer ca. 20 Min.
Thermische Wirkung: warm

Menge	Zutaten		
2 Tassen	Wasser	ja	E
1 Tasse	Mais Grieß (Polenta)	ja	E
1/2 TL	Butter Bio	ja	E
1/2 TL	Gerstenmalz	empfehlenswert	E
1 Prise	Zimtpulver	empfehlenswert	M
1 Prise	Kardamom	empfehlenswert	M
1 Prise	Salz	wenig	W
1 Schuß	Zitrone	weniger als angegeben	H

Menge	Zutaten		
2 EL	Rosinen	ja	E
bis bedeckt ist	Apfelsaft (Naturtrüb)	ja	E
2 Stück	Pfirsich	ja	E
2 EL	Haselnüsse	ja	E

Kochanleitung:
Wasser erhitzen;
Polenta mit einem Schneebesen einrühren und gar kochen; etwas Butter oder Sahne, Gerstenmalz oder Ahornsirup, Zimt, etwas Kardamom, eine kleine Prise Salz, einige Tropfen Zitronensaft dazugeben und alles gut durch rühren.
Separat ein Kompott zubereiten:
In einem heißem Topf Rosinen in etwas Apfel- oder Aprikosensaft einige Minuten köcheln; vollreife Pfirsiche kleingeschnitten dazugeben und erhitzen; über die auf Tellern angerichtete Polenta geben; mit gerösteten Nüssen nach Belieben bestreuen.

6.42 Süßreis mit Äpfel

Leicht erwärmend und nährend stärkt die Mitte.
Kalorien p. Portion 155
Kochdauer ca. 25 Min.
Thermische Wirkung: neutral

Menge	Zutaten		
1 Tasse	Reis Süßer	empfehlenswert	M
6 Tassen	Wasser	ja	E
1 Tasse	Apfelsaft (Naturtrüb)	ja	E
2 Stück	Apfel (süß)	ja	E
2 Stück	Aprikose	ja	E
1 Prise	Zimtpulver	empfehlenswert	M
1 Prise	Kardamom	empfehlenswert	M
1 Messerspitze	Ingwer Pulver	weniger als angegeben	M
1 Prise	Salz	wenig	W
1/2	Zitrone	weniger als angegeben	H
1 Prise	Kakao	empfehlenswert	F
2 EL	Mandelmus	ja	E
1 EL	Gerstenmalz	empfehlenswert	E
2 EL	Haselnüsse	ja	E

Kochanleitung:
In heißem Wasser Süßreis gar kochen. Danach: In einem heißen Topf Apfelsaft erhitzen; süße Äpfel kleingeschnitten, Aprikosen oder anderes süßes Obst (neutral oder warm), Zimt, Kardamom, Ingwer gerieben, eine kleine Prise Salz, geriebene Zitronenschale, wenig Kakao dazugeben und einige Minuten köcheln; den gekochten Süßreis, etwas Mandelmus, etwas Gerstenmalz unterrühren und erhitzen; mit gerösteten Nüssen bestreuen.

6.43 Tafelspitz nach klassischer Art

Stärkt Milz-Qi, stärkt Blut und Qi, befeuchtet, entspannt, baut Qi auf, verteilt. Stärkt Qi, stärkt Milz, lindert Entzündungen, befeuchtet.
Kalorien p. Portion 453
Kochdauer ca. 3 Stunden
Thermische Wirkung: warm

Menge	Zutaten		
1 Stück	Zwiebel weiss	ja	M
1 EL	Maiskeimöl	empfehlenswert	E
3 1/2 l.	Wasser	ja	E
2 Kg Tafelspitz	Rind Fleisch	empfehlenswert	E
4-6	Rind Fleischknochen mit Mark	empfehlenswert	E
1 Prise	Salz	wenig	W
15 Stk.	Pfeffer Körner	ja	M
1 Stück	Pastinake	empfehlenswert	F
2 Stück	Karotte (Mohrrübe, Möhre)	empfehlenswert	E
1 Scheibe	Sellerie Knolle	empfehlenswert	E
2 Stück	Petersilienwurzel	empfehlenswert	E
1/2 Stange	Lauch (Porree)	empfehlenswert	M
1 EL gehackte	Lauchzwiebel Schnittlauch	ja	M
1 Kg	Kartoffel	ja	E
2 EL	Sonnenblumenöl	ja	E
1 Prise	Salz	wenig	W

Kochanleitung:
Zwiebeln halbieren, aber nicht schälen. Zwiebeln in einer Pfanne mit Fett an den Schnittflächen sehr dunkel bräunen. Fleisch und Knochen kurz mit warmen Wasser waschen, abtropfen lassen.
Wasser aufkochen, Fleisch einlegen und schwach wallend kochen. Aufsteigenden Schaum ständig abschöpfen. Sobald kein Schaum mehr aufsteigt, Pfefferkörner und die Zwiebel zugeben. Wurzelwerk und Lauch putzen und nach ca. zweieinhalb Stunden Garzeit zugeben. Tafelspitz noch eine weitere halbe Stunde köcheln lassen.
Tafelspitz aus der Suppe heben, durch ein Sieb gießen und mit Salz abschmecken. Wurzelwerk in mundgerechte Stücke schneiden. Gemeinsam mit den Markknochen in die Suppe geben und unter dem Siedepunkt ziehen lassen. Tafelspitz gegen den Faserlauf in fingerdicke Scheiben schneiden, in die Suppe legen, nochmals erhitzen, mit ein wenig Schnittlauch bestreuen.
Nebenbei die Kartoffeln in Salzwasser garen und schälen. Grob stampfen oder feinwüfelig schneiden. In einer Pfanne mit dem Öl knusprig anbraten.

6.44 Tee Ginseng-Tee

Stärkt Herz, Lunge, Magen, Milz, Nieren-Qi.
Kalorien p. Portion 0
Kochdauer ca. 20 Min.
Thermische Wirkung: warm
Therapeutisches Rezept

Menge	Zutaten		
2 Teebeutel	Ginseng	empfehlenswert	
1/2 Liter	Wasser	ja	E

Kochanleitung:
Eine sehr milde Form der Einnahme von Ginseng erreicht man, wenn man ihn in eine Thermoskanne mit heißem Wasser legt. Dabei kann man die Wurzel auch mehrmals verwenden, also nicht nur für eine Kannenfüllung. Idealerweise sollte man das Wasser 10 Minuten lang gekocht haben - es wird dann der Wandlungsphase Feuer zugeordnet - und Heilquellenwasser ohne Kohlensäure benutzen, wenn die Qualität des Wassers vor Ort nicht gut ist.

Einnahme: Dieser milde Ginsengtee kann zur Kräftigung den ganzen Tag über getrunken werden.

6.45 Tee Thymian-Tee

Wandelt Schleim um, stärkt Lunge und Milz, trocknet aus, leitet nach unten.
Kalorien p. Portion 0
Kochdauer ca. 10 Min.
Thermische Wirkung: warm
Therapeutisches Rezept

Menge	Zutaten		
2 gehäufter TL	Thymian	empfehlenswert	W
1/2 Liter	Wasser	ja	E

Kochanleitung:
Das trockene Kraut wird mit kaltem Wasser zugestellt und einmal aufgekocht und abgeseiht.
2 bis 3 Tassen täglich schluckweise trinken

6.46 Traubensaft mit heißem Wasser

Kalorien p. Portion 43
Kochdauer ca. 5 Min.
Thermische Wirkung: neutral
Therapeutisches Rezept

Menge	Zutaten		
1 Tasse	Traubensaft rot	ja	E
1 Tasse	Wasser	ja	E

Kochanleitung:
Traubensaft mit heissem Wasser aufgießen.

6.47 Wärmender Haferflockenbrei

Stärkt Qi und Abwehrkraft.
Kalorien p. Portion 357
Kochdauer ca. 10 Min.
Thermische Wirkung: warm

Menge	Zutaten		
6 EL	Hafer Flocken (Vollkorn)	empfehlenswert	M
3 Stück	Feige getrocknet	ja	E
1 Stück	Sternanis	ja	M
1 Prise	Ingwer frisch	empfehlenswert	M
1 Tasse	Wasser	ja	E
1 EL	Ahornsirup	ja	E
1 EL gehackte	Walnüsse	ja	E

Kochanleitung:
Trockenfrüchte einweichen. Haferflocken trocken anrösten; Trockenfrüchte, Sternanis oder Zimt, etwas geriebenen Ingwer dazugeben und alles mit Wasser zu einem Brei kochen. Mit Ahornsirup süßen. Walnüsse rösten und vor dem Servieren drüberstreuen.
Wirkung: Eignet sich gut für die kalte Jahreszeit.
Vorsicht: Frischen Ingwer nicht über einen längeren Zeitraum trinken.

6.48 Zwetschken mit Bio-Quark

Bewahrt die Säfte, zieht zusammen.
Kalorien p. Portion 141
Kochdauer ca. 10 Min.
Thermische Wirkung: warm

Menge	Zutaten		
1/2 Kg.	Zwetschken	empfehlenswert	H
1/2 TL	Butter Bio	ja	E
1 Prise	Vanille	ja	E
1 Prise	Zimtpulver	empfehlenswert	M
1 Prise	Koriander	empfehlenswert	M
1 Prise	Kardamom	empfehlenswert	M
1 Schuß	Zitrone Saft	weniger als angegeben	H
1 Prise	Kakao	empfehlenswert	F
1 Schuß	Apfelsaft (Naturtrüb)	ja	E
1 TL	Zucker Ursüße (Zuckerrohr) süß	ja	E
3 EL	Topfen 20%	empfehlenswert	H

Kochanleitung:
Zwetschken halbieren und entsteinen, Die Zwetschken in wenig Butter in einer Pfanne andünsten, würzen mit Vanille und Zimt, eine Prise Koriander und Kardamom dazugeben, Wasser dazugeben, so dass die Zwetschken ¼ gedeckt sind, wenig Zitronensaft, eine Prise Kakao, mit wenig Birnen- oder Apfelsaft ablöschen, so dass die Zwetschken etwa zur Hälfte gedeckt sind, nach Belieben süßen mit Vollrohrzucker.
Ca. 7 Minuten auf kleinstem Feuer köcheln lassen, so dass die Zwetschken weich, aber nicht verkocht sind.
Zwetschken kreisförmig auf dem Teller anrichten. In die Mitte ein Esslöffel Bio-Quark (wer mag kann Schafmilchquark verwenden) geben.
Wenig Saft der gekochten Zwetschken über das Dessert gießen.

7 Wirkung der Lebensmittel

7.1 Zutaten verwenden: empfehlenswert

Aal geräuchert 291
Acaipulver 393
Acerola Fruchtnektar oder Pulver 35
Agar-Agar, Agartang 37
Agavendicksaft 312
Aloesaft .... -
Amaranth 374
Amaranth POPS 374
Andornkraut .... -
Angelikawurzel .... -
Anis (gemeiner Fenchel) 378
Apfel (sauer) 60
Apfelmus 72
Aprikose getrocknet 249
Aprikosen Marmelade 272
Aprikosennektar 58
Astronautenkost 418
Austernschalenpulver .... -
Avocado 233
Backpulver 156
Baldrian .... -
Bambussprossen 10
Banchatee .... -
Bärentraubenblätter .... -
Bärlauch (Knoblauchspinat) .... -

Basilikum	27
Basilikum (frisch)	27
Beeren der Saison	-
Beerensaft	-
Benediktendistel	-
Berberitzenrindetee	-
Bier (alkoholarm)	55
Bier (alkoholfrei)	26
Birne	60
Birnensaft	68
Bitter Lemon	52
Bitterklee	-
Bitterlikör	-
Bitterorangenschale	-
Blätterteig	418
Blütenpollen	-
Bocksdornfrüchte (Fructus Lycii) getrocknet	73
Bockshornklee	-
Bohnen (grün, frisch)	35
Borretsch	21
Borretschöl	-
Boxhornkleesamen	-
Bratöl	-
Brennnessel	24
Brie	335
Brombeerblätter	-
Brombeere getrocknet (unreife)	-
Brombeermarmelade	267
Brösel (Weizenbrot, Semmel)	263
Brot mit Johannisbrotkernmehl	222
Brötchen (Semmel)	263
Buchweizen	-
Buchweizen (geröstet) Kasha	-
Buchweizen Vollkorn	351
Buschbohnen	26
Butter (halbfett)	3.830
Butterbohnen weiße	274
Buttermilch	41
Butterschmalz	897
Camembert	288
Campari	-
Chana-Dal	-
Chenpi (chinesische Mandarinenschale)	-

Chili (Schote oder gemahlen)	341
Chrysanthemenblütentee	-
Clementinen	48
Colagetränk	60
Colagetränk (kalorienarm)	4
Cranberrys	53
Curcuma (Gelbwurz)	-
Currypaste rot	104
Dashi	167
Datteln rot	143
Dinkel Flocken	327
Distelöl	899
Dornhai (Seeaal, Schillerlocken)	154
Dorsch	96
Dulse (Lappentang)	246
Edamer	354
Eibennuss	-
Eibisch	-
Emmentaler	398
Entenei	186
Enziantee	-
Enzianwurzel	-
Erdbeermarmelade	268
Erdnuss (geröstet)	629
Erdnussbutter	611
Essig (Rotweinessig)	21
Essig Aceto Balsamico	21
Essig Aceto Balsamico weiss	21
Essiggurke	16
Färberdistel (Hong Hua)	-
Färberginsterkraut	-
Fenchelsamen gemahlen	348
Fernet Branca (Kräuterbitterlikör)	-
Feta	236
Fisch Innereien	-
Fischreste	-
Fischsauce	30
Fischstücke gemischt (Süßwasser)	100
Flohsamen	10
Flunder	117
Forelle (geräuchert)	120
Frischkäse	274
Frischkäse aus Soja	363

Frischkäse mit Kräuter	341
Früchtetee	1
Fruchtzucker (Fruktose, Traubenzucker)	406
Gagelpflaume	-
Galgant	-
Gans (Gänseschmalz)	900
Gänseblümchen	-
Gänseblut	-
Garam Masala Pulver	-
Gelatine weiss	-
Gelee Royal	-
Gerste	354
Gerste (Nacktgerste)	354
Gerste (Perlgerste)	354
Gerstengras Pulver	371
Gerstengraupen	350
Gerstengrütze	314
Gerstenmalz	291
Gerstenmehl	354
Getreidekaffee	-
Ginkgofrucht	-
Ginseng	-
Ginsenglikör	-
Ginsengwurzel	-
Glühweingewürzmischung	-
Gorgonzola	356
Gouda	365
Grapefruit getrocknete Schale	-
Grundrezept für eine Entenbrühe	660
Grundrezept für eine Fischbrühe	82
Grundrezept für eine Gemüsebrühe nahrhaft	19
Grundrezept für eine Hühnerbrühe wärmend	39
Grundrezept für eine Reissuppe (Congee)	50
Grundrezept für eine Rinderbrühe	-
Grundrezept für eine Rinderbrühe (klar)	34
Grundrezept für eine Rindermarkknochenbrühe	-
Grünkern	324
Guave	-
Gurke (bitter)	12
Gurke (Gewürzgurke)	13
Hafer	389
Hafer Flocken (Vollkorn)	399
Hafer Flocken geröstet	353

Hafer Mehl 388
Hafer Milch 45
Hafer Schmelzlocken (Babynahrung) 399
Hafer Schrot 389
Hagebutte 246
Hammel 107
Hase, wild 113
Hefe 313
Heidelbeere 37
Heidelbeere getrocknet 72
Heidelbeermarmelade 271
Heidelbeersaft 37
Heilbutt 101
Hibiskustee .... -
Hijiki 139
Himbeerblättertee .... -
Himbeere 34
Himbeere getrocknet (unreife) .... -
Himbeermarmelade 269
Hirsch Knochen .... -
Hirsch Nieren .... -
Hokkaidokürbis 27
Holunderbeeren 53
Honigwein (Met) 110
Hopfen .... -
Huhn Blut .... -
Huhn Eigelb 354
Huhn Eiweiß 50
Huhn Fleisch 102
Huhn Herz 124
Huhn Magen .... -
Hüttenkäse 103
Ingwer frisch 49
Ingweröl .... -
Jakobstränen .... -
Jasminblütentee .... -
Joghurt Vanille 68
Johannisbeere (rot) 45
Johannisbeere (schwarz) 54
Johannisbeere (weiß) 38
Johannisbeermarmelade (rot) 272
Johannisbeermarmelade (schwarz) 278
Johannisbeernektar (schwarz) 70

Johannisbrotkernmehl 60
Kaffee 2
Kaffeeweißer 549
Kakao 372
Kaki-Pflaume 71
Kaktusfeige .... -
Kalmus .... -
Kamille 1
Kamillentee .... -
Kapern (eingelegt) 23
Kapuzinerkresse .... -
Kardamom 360
Karotte (Frühkarotte) 21
Karotte (Mohrrübe, Möhre) 41
Karottensaft ohne Zucker 41
Karpfen 127
Kartoffel (mehlige) 68
Kartoffelmehl .... -
Käsepappeltee .... -
Kastanien Püree (Maronen) 173
Kefir 50
Kerbel .... -
Kerbel getrocknet 209
Kirsche (sauer) 53
Kirschenkompott 85
Klementine 33
Knäckebrot 358
Knoblauch 136
Kohlrübe 22
Kokosfett 894
Kokosnussfleisch 367
Kompott (Früchte der Saison) .... -
Koriander 321
Koriandergrün 266
Korinthen (rot) 21
Korinthen (schwarz) 28
Krake-
Kräuter bittere .... -
Kräuter der Provence .... -
Kräuter verschiedene .... -
Kräuter Wildkräuter .... -
Kräuterteemischung 1
Kümmel 333

Kümmel gemahlen	333
Kürbis	27
Kürbiskerne	597
Kurkuma (Gelbwurz)	376
Lamm Fleisch	234
Lamm Knochen	-
Lamm Schulter	234
Lauch (Porree)	75
Laugengebäck	340
Lavendelblüten	-
Leberglättertee	-
Leinöl	900
Leinsamen	-
Leinsamen (geschrotet)	372
Liebstöckelsamen	-
Lilienzwiebel	-
Limabohnen	80
Lindenblütentee	-
Löffelbiskuit	416
Loquate/Japanische Mispel	47
Lorbeerblatt	313
Lotossamen	-
Lotoswurzeln	-
Löwenzahnsaft	-
Luohan-Frucht	-
Lycheelikör	-
Magermilchpulver	367
Mais (geröstet)	-
Mais (Schnellpolenta)	330
Mais Mehl (Maizena)	368
Maishaartee	-
Maiskeimöl	899
Maisstärke	370
Makannasternsamen	-
Makrele	180
Malventee	-
Malzbier	48
Mandarine	45
Mandeln	640
Mangosaft	50
Maniokmehl	337
Marillensaft	58
Martini	-

Mascarpone 434
Mayonnaise 50% 482
Mayonnaise 80% 744
Mehrkornbrot (Graubrot) 211
Melisse .... -
Mineralwasser .... -
Mirabelle 67
Miso schwarz (fermentiert) 124
Mispel 42
Mittelmeerfisch (Kabeljau, Scholle, Schellfisch, Seeaal, Makrele) .... -
Mixed Pickels 1
Mohn 478
Molke 25
Moosbeere 48
Mu-Erh-Pilz .... -
Muskatnuss 518
Müsli 359
Nachtkerzenöl .... -
Nektarine 56
Nierenbohnen (rote) 314
Nori, Purpurtang, Rotalge 40
Nudeln (Vollkorn) mit Ei 102
Nudeln (Weizen) mit Ei 353
Nudeln (Weizen, Bandnudeln) mit Ei 353
Nudeln (Weizen, Lasagneblätter) mit Ei 353
Nudeln (Weizen, Spagetti) mit Ei 353
Obstmischung Fruchtsaft 63
Odermennig .... -
Oliven grün 144
Orange abgeriebene Schale .... -
Orange getrocknete Schale .... -
Orange Schale .... -
Orangenblüten .... -
Orangenmarmelade 273
Oregano frisch 68
Oregano getrocknet 306
Palmöl 898
Paprika (Rosenpaprika) 24
Paprika (süß) 24
Paranuss 703
Passionsblumenblütentee .... -
Passionsfrucht (Maracuja) 79
Pastinake 22

Peperoni	20
Peperoni, gelb, entkernt, halbiert	-
Peperoni, rot, entkernt, halbiert	-
Petersilie	53
Petersilienwurzel	33
Pfefferminze	43
Pfefferminztee	375
Pferd Fleisch	119
Pflaume getrocknet	261
Pintobohnen gesprenkelt	-
Preiselbeere	46
Preiselbeermarmelade	271
Preiselbeersaft	23
Prosecco	75
Puddingpulver Vanille	382
Pumpernickel	188
Pute Brustfleisch	102
Pute Schinken	102
Qualle	-
Quinoa	343
Reineclaude	72
Reis Basmatireis	334
Reis Duftreis	351
Reis Gaoliangreis (Sorghum)	-
Reis Klebreis	360
Reis Reisschleim	353
Reis Süßer	-
Reisstärke	343
Rettich Meerrettich (Kren)	48
Rettichblätter (vom Wochenmarkt)	-
Rind Filet	116
Rind Fleisch	148
Rind Fleischknochen	11
Rind Herz	124
Rind Herz (Kalb)	114
Rind Knochenmark	837
Rind Leber	121
Rind Lunge (Kalb)	94
Rind Magen	94
Rind Niere	116
Rind Ochsenschwanzstücke	184
Rind Suppenfleisch	148
Rindfleisch (Kalb)	137

Roggen Vollkornbrot	306
Rosenblättertee	-
Rosenblütentee	-
Rosenpaprika	-
Rosenpaprika Pulver	306
Rotbarsch	105
Rote Grütze (ohne Zucker)	118
Rote Rübe	42
Rum	312
Sahen 10% Kaffeesahne	203
Sahne sauer 10%	118
Sahne sauer 20%	205
Sahne sauer 30%	288
Sahne, süß 30%	322
Sake	24
Salz Kräutersalz	21
Sanddorn	100
Sauerkirsche	58
Sauerkraut	-
Sauerteig	310
Schafgarbe	-
Schafgarbentee	-
Schafmilch Joghurt	94
Schafskäse	219
Schafsmilch	102
Schimmelkäse	454
Schlagobers (30 % Fett)	309
Schlehdorn	58
Schmelzkäse 12%	221
Schmelzkäse 30%	328
Schnecke	-
Schokolade (Diabetiker)	409
Schwarze Bohnen	-
Schwarzer Fungu Pilz	211
Schwarzkümmel	899
Schwedenkraut	-
Schwein Blut	-
Schwein Darm	-
Schwein Fett	-
Schwein Fleisch	336
Schwein Herz	89
Schwein Hirn	-
Schwein Leber	124

Schwein Lunge	-
Schwein Markknochen (Röhrenknochen)	-
Schwein Mettwurst	-
Schwein Nieren	114
Schwein Schinken	127
Schwein Schinken gekocht	216
Schwein Schinkenspeck	500
Schwein Schmalz	883
Seegurke	-
Sellerie Knolle	17
Senf	143
Senf Dijon	85
Senf mittelscharf	86
Senf süß	187
Sesamöl geröstet	896
Sherry	-
Shrimps	80
Soja Cuisine (Soja-Sahne)	418
Soja Tofu geräuchert	72
Sojabohne	418
Sojabohnen, Schwarze, fermentiert	418
Sojamehl	418
Soja-Nudeln	325
Speiserüben	26
Spitzwegerichtee	-
Stachelbeere	38
Stevia (Süßkraut)	-
Stutenmilch	-
Süßholzwurzeltee	-
Süßkartoffel	118
Süßwasserfisch	-
Süßwasserkrebs	-
Tabasco	70
Taube	-
Taube Ei	-
Teemischung Harnsäuresenkend	-
Thymian	-
Thymian getrocknet	276
Toastbrot (Vollkorn)	259
Tomate getrocknet	105
Tomatenmark	175
Tomatenpüre	17
Tomatensaft	15

Tonicwasser	38
Topfen 20%	118
Topfen 40%	143
Topinambur / Erdbirne	31
Traubenkernöl	968
Trüffel	56
Tsampa (geröstetes Gerstenmehl)	336
Umeboshipaste	41
Vanilleschote	261
Vanillezucker Natur	389
Vogelmiere	-
Vogerlsalat (Pflücksalat)	10
Vollkornbrot	233
Vollkornmehl	187
Wacholderbeere	362
Wachskürbis	14
Walderdbeeren	-
Walnüsse geröstet	-
Walnussöl	896
Wasser heiss	-
Weißbrot (Weizenbrot)	263
Weißbrot Baguette	263
Weißbrot Salzstangerl	263
Weißbrot Semmel	263
Weißfischchen	-
Weißwurz	-
Weizen Fladenbrot	240
Weizen Gras Pulver	-
Weizen Mehl Vollkorn	337
Weizen/Roggen Grau- Schwarzbrot mit Hefe	337
Weizengrassaft	-
Wermut	-
Wermutkraut	80
Wildkräuter	-
Wildschwein Fleisch	102
Yamswurzel, Yamswurzelknolle	-
Ysop	-
Ziege	307
Ziegen- und Schafsblut	-
Ziegen- und Schafshirn	-
Ziegen- und Schafsleber	-
Ziegen- und Schafsmagen	-
Ziegen- und Schafsmilch	-

Ziegenkäse 396
Zimtpulver 261
Zimtstange 261
Zitrone Schale .... -
Zitronengras .... -
Zitronenmelisse (frisch) 43
Zitronenmelisse (getrocknet) 294
Zucker (Staubzucker) 400
Zucker Palmzucker 400
Zuckerersatz (Süßstoff) .... -
Zwetschken 43
Zwieback 394

7.2 Zutaten verwenden: ja

Aal 267
Adzukibohnen 263
Ahornsirup 268
Apfel (süß) 60
Apfelsaft (Naturtrüb) 50
Aprikose 42
Artischocke 12
Aubergine 25
Austern 72
Austernpilze 31
Barsch 121
Bier (Altbier) 43
Bier (Pils) 40
Blumenkohl (Karfiol) 27
Bohnenkraut 50
Bohnenöl .... -
Brokkoli 33
Brombeere 29
Bulgur (Getreide) .... -
Butter Bio 754
Calamari 88
Cashewnüsse 600
Champignon 27
Chicorée 16
Chinakohl 16
Couscous 345
Cumin (Kreuzkümmel) 411
Datteln getrocknet 325

Dill	43
Dinkel	320
Dinkel Brot	337
Dinkel Grieß	337
Dinkel Vollkornmehl	337
Eisbergsalat	13
Endiviensalat	19
Erbse, grün	81
Erbsen	145
Erdbeere	37
Erdbeersaftgetränk	30
Erdnüsse	-
Erdnussöl	895
Essig (Apfelessig)	21
Estragon	52
Fasan	143
Feige	78
Feige getrocknet	239
Fenchel	31
Fencheltee	-
Flaschenkürbis	13
Forelle	105
Gans	342
Gans (Gänseklein)	354
Gänseei	192
Garnele	101
Gemüsesaft	18
Granatapfel	44
Graskarpfen	-
Hagebuttentee	205
Haifisch	-
Hase	153
Haselnüsse	656
Hering	234
Hiobsträne (Samen) YiYi Ren	-
Hirsch Fleisch	112
Hirse	362
Hirseflocken	369
Holunderblütentee	237
Huhn Ei	154
Huhn Leber	136
Hummer	90
Kabeljau	76

Kaninchen Fleisch	154
Karausche	112
Kartoffel	68
Kastanien (Maronen)	173
Kichererbsen	346
Kirsche	63
Kirschsaft	58
Kohlrabi	31
Kokosflocken	604
Kokosmilch	24
Kokosraspeln	604
Kopfsalat	17
Kresse	38
Kuhmilch (1,5 % Fett)	45
Kuhmilch (Vollmilch 3,5 % Fett)	64
Kukichatee	-
Kumquat	71
Kürbiskernöl	830
Kuzu	342
Lachs	130
Lamm Leber	133
Lamm Nieren	-
Languste	-
Lauchzwiebel Schnittlauch	27
Liebstöckel	42
Linsen (Helmbohnen)	110
Linsen gelb	77
Linsen rot	77
Linsen schwarz	77
Longane	60
Löwenzahn (junger)	46
Lychee	76
Lychee (Konserve)	98
Mais	375
Mais Grieß (Polenta)	345
Majoran	46
Malz	281
Mandelmilch	624
Mandelmus	624
Mandeln Marzipan	486
Margarine	720
Margarine (Diät)	720
Marillen	55

Miso	198
Morchel (schwarz, getrocknet)	10
Mozzarella	266
Mungobohne	273
Nelke	322
Okra	31
Oliven	352
Olivenöl	897
Paprika	20
Parmesan	440
Pfeffer (gemahlen)	255
Pfeffer Cayenne	255
Pfeffer Körner	255
Pfeffer weiss (gemahlen)	255
Pfeilwurzelmehl	-
Pfifferlinge/Eierschwammerl	12
Pfirsich	43
Pfirsich (Dose)	43
Pinienkerne	674
Pistazien	638
Quargel 20%	125
Quitte	38
Radicchio	17
Radieschen	20
Rapsöl	917
Reh Fleisch	160
Reis Langkornreis	347
Reis Roter	-
Reis Rundkornreis	350
Reis Schwarzer	-
Reis Sorte beliebig	351
Reis Vollkorn	353
Reis Wilder (Naturreis)	353
Reishi	27
Reismalz	316
Reismehl	351
Reisnudeln	109
Rettich (weiß, grün, lila-rot)	19
Rettich schwarz	19
Roggen	312
Roggenmehl	312
Römersalat/Lattich-Salat	-
Rosenkohl	29

Rosinen	272
Rotkohl	18
Safran	349
Sago (Getreide)	341
Salbei	315
Sardellen/Sardine	124
Saubohnen (Dicke Bohnen)	309
Scholle	112
Schwarzaugenbohnen	-
Schwarzwurzel	17
Schwein Haut	-
Schwein Haxe (Eisbein)	194
Schwein Magen	-
Sellerie Stangensellerie	17
Senfsamen	-
Sesam Paste (Tahini)	663
Sesam, Schwarzer	594
Sesam, Weißer	594
Sesamöl	896
Shiitake, getrocknet	355
Silbermorchel, getrocknet	-
Soja Tofu	72
Sojabohnen, Gelbe	418
Sojabohnen, Schwarze	418
Sojabohnenmilch	31
Sojaöl	899
Sojapaste (Miso)	58
Sojasauce	70
Sonnenblumenkerne	524
Sonnenblumenöl	898
Spargel (grün oder weiß)	15
Spinat	16
Stangenbohnen (Fisolen)	25
Steinpilz/Herrenpilz	20
Sternanis	-
Thunfisch	256
Tintenfisch	87
Trauben rot	73
Trauben weiß	73
Traubensaft rot	73
Traubensaft weiß	73
Umeboshipflaumen (Japanaprikosen)	29
Vanille	-

Vanillepulver .... -
Wachtel 175
Wachtel Ei 154
Walnüsse 690
Wasser .... -
Weißdorn .... -
Weiße Bohnen 112
Weißkohl/Weißkraut 25
Weizenkeimöl 879
Wirsing/Grünkohl 22
Zucchini 19
Zucker braun 406
Zucker Fructose Fruchtzucker 400
Zucker Glukose Traubenzucker 400
Zucker Kandis weiß 400
Zucker Milchzucker 400
Zucker Ursüße (Zuckerrohr) süß 400
Zwiebel Frühlingszwiebel 28
Zwiebel rot 28
Zwiebel Schalotte 22
Zwiebel weiss 28

7.3 Zutaten verwenden: wenig

Ente (Frühmastente, schlachtfrisch) 227
Ente (Herz) .... -
Rosmarin 96
Rotwein 77
Rucola (Rauke) 17
Salz .... -
Schafffleisch 307
Weißwein 79
Zucker Melasse 400

7.4 Kontraindikativ wirkende Lebensmittel nicht verwenden

Ananas
Ananas (aus der Dose)
Ananassaft ungezuckert
Banane
Banane Kochbanane

Bataviasalat
Blattsalate (bitter)
Chlorella (Süßwasser)
Creme fraiche
Curry

Feldsalat
Grapefruit/Pampelmuse
Grapefruitsaft
Grüner Tee
Gurke
Honig
Honigmelone
Ingwer Pulver
Joghurt (Natur, 1,5 % Fett)
Joghurt (Natur, 3,5 % Fett)
Kaninchen Leber
Karambole/Sternfrucht
Kaviar
Kiwi
Klettenwurzeltee
Kombualge
Krabbe
Löwenzahnwurzeltee
Mango
Mangold
Maulbeerfrucht
Meeräsche
Meereskrebs
Miesmuscheln
Mungobohnensprossen
Orange
Orangensaft

Papaya
Pflaume
Piment
Rhabarber
Sauerampfer
Sauermilch
Sauerrahm 15% Fett
Schnaps
Schokolade
Schwarztee
Tomate
Wakame
Wassermelone
Weizen
Weizen Bier
Weizen Bulgurweizen
Weizen Flocken
Weizen Grieß
Weizen Grieß - Kindergrieß
Weizen Mehl
Weizenkleie
Yogitee
Zitrone
Zitrone Saft
Zitrone, Limette
Zucker (weiß, aus Rüben)

8 Therapeutische Kräuter und deren Wirkungen

Keine definiert.

9 Kräuter aus den Rezepten und deren Wirkungen

9.1 Basilikum

Wirkt wohltuend bei Blähungen und Übelkeit, entkrampfend und beruhigend.
Trocknet aus, leitet nach unten.

9.2 Beifuß

Reduziert Blutungen, lindert Schmerzen. In der Küche wird Beifuß als Gewürz für fettes Essen benutzt. Da er viele Bitterstoffe enthält, kurbelt er die Fettverbrennung an und fördert die Verdauung.

9.3 Bohnenkraut

Magenstärkend und antibakteriell, beruhigend und appetitanregend.
Stärkt die Abwehr.
Tonisiert das Nieren-Yang, das Herz-Qi, den Magen und das Milz-Qi und erwärmt die Mitte, bewegt das Leber-Qi und das Blut, leitet Schleim und Kälte aus der Lunge, öffnet die Oberfläche, leitet Wind-Kälte aus.

9.4 Koriander

Fördert Verdauung.
Schweiß treibend, reduziert Wind.

9.5 Lauchzwiebel Schnittlauch

Bakterizid, beugt Krebs vor, stärkt Magensaftproduktion, fördert Verdauung und Durchblutung, fördert das Wachstum, löst Stagnation. Leitet nach oben.

9.6 Liebstöckel

Regt Verdauung an, reduziert Schmerzen.
Reduziert inneren Wind, Feuchtigkeit, löst Stagnation, leitet nach oben.

9.7 Lilienzwiebel

Beruhigt Nerven.

9.8 Makannasternsamen

Stärkt Milz, lindert Diarrhö, reduziert Ausfluss.

9.9 Oregano frisch

Fördert Verdauung
Trocknet aus, leitet nach unten.

9.10 Petersilie

Regt Leberfunktion an, entgiftet.
Nährt Blut und Leber, harmonisiert Leber und Milz, stärkt Sehkraft, bewahrt die Säfte, zieht zusammen.

9.11 Rosmarin

Fördert Verdauung, stärkt Lunge, Milz und Niere.
Trocknet aus, leitet nach unten. Stärkt Herz, Lunge und Milz-Qi, Stärkt Leber-Blut. Stärkt Herz-Yin. Vertreibt Milz Hitze/Kälte Feuchtigkeit. Stärkt Milz- und Nieren-Yang

9.12 Salbei

Trocknet aus, gegen Hefepilzinfektionen.
Vertreibt Schleim, leitet nach unten, Aktiviert Wei Qi, stärkt Qi.

9.13 Schwarzkümmel

entkrampfend, immunregulatorisch. Außerdem soll das Öl die Bildung von Knochenmarkszellen anregen und allgemein Körperzellen vor Viren schützen.

9.14 Yamswurzel, Yamswurzelknolle

Baut Lunge, Milz, Niere auf.

9.15 Zitronenmelisse (frisch)

Anregend, antibakteriell, aufmunternd, beruhigend, entspannend, krampflösend, kühlend, pilzhemmend, schmerzstillend, schweißtreibend, virushemmend, Erkältung, Fieber, Grippe, Husten, Bronchitis, Asthma, Appetitlosigkeit, Blähungen, Sodbrennen.

10 Grundlagen der Ernährung

Die hier beschriebenen Grundlagen der Ernährung zeigen allgemeine Empfehlungen und beziehen sich nicht auf eine spezielle Therapieform. Die Empfehlungen der Therapie haben Vorrang.

10.1 Ernährung

Die regelmäßige Einnahme von Mahlzeiten in entspannter Atmosphäre. Ein wärmendes Frühstück gilt als guter Start in den Tag.
Mittags sollte die Hauptmahlzeit stattfinden - das Abendessen am frühen Abend.

Die Beachtung von Hunger- und Sättigungsgefühlen: Nicht überessen und nicht hungern, so lautet die Regel.

Die frische Zubereitung der Speisen aus naturbelassenen, regionalen Produkten. Tiefgekühlte, hitzekonservierte, industriell vorgefertigte oder mikrowellengegarte Lebensmittel werden abgelehnt.

Die Auswahl von Lebensmittel nach der Jahreszeit: Im Sommer mehr kühlende Nahrung, im Winter mehr wärmende Nahrung.

Mindestens zweimal am Tag Gekochtes essen. Speisen und Getränke sollen möglichst handwarm, niemals eiskalt oder heiß sein.

Rohkost, kurz gegartes Gemüse, frisch gepresste Säfte und Mineralwasser werden üblicherweise nicht empfohlen. Milch und Milchprodukte stehen nur dann auf dem Speiseplan, wenn sie problemlos vertragen werden.

Therapeutische Rezepte nicht über einen längeren Zeitraum ohne Rücksprache mit dem Arzt oder Therapeuten einnehmen.

1. Vielseitig essen
Lebensmittelvielfalt genießen. Merkmale einer ausgewogenen Ernährung sind abwechslungsreiche Auswahl, geeignete Kombination und angemessene Menge nährstoffreicher und energiearmer Lebensmittel. (Einerseits Schutz vor Unterversorgung mit essentiellen Nährstoffen und andererseits Schutz vor einer überhöhten Zufuhr unerwünschter Inhaltsstoffe.)

2. Reichlich Getreideprodukte - und Kartoffeln
Brot, Nudeln, Reis, Getreideflocken (am besten aus Vollkorn), sowie

Kartoffeln enthalten kaum Fett, aber reichlich Vitamine, Mineralstoffe, Spurenelemente sowie Ballaststoffe und sekundäre Pflanzenstoffe. Diese Lebensmittel sollten mit möglichst fettarmen Zutaten verzehrt werden.

3. Gemüse und Obst - Nimm "5" am Tag ...
5 Portionen Gemüse und Obst am Tag, möglichst frisch, nur kurz gegart, oder auch eine Portion als Saft – idealerweise zu jeder Hauptmahlzeit und auch als Zwischenmahlzeit: Damit werden reichlich Vitamine, Mineralstoffe sowie Ballaststoffe und sekundären Pflanzenstoffe (z.B. Carotinoiden, Flavonoiden) zugeführt. Das Beste, was man für die eigene Gesundheit tun kann.

4. Täglich Milch und Milchprodukte, ein- bis zweimal in der Woche
Fisch; Fleisch, Wurstwaren sowie Eier in Maßen. Diese Lebensmittel enthalten wertvolle Nährstoffe, wie z.B. Calcium in Milch, Jod, Selen und Omega-3-Fettsäuren in Seefisch. Fleisch ist wegen des hohen Beitrags an verfügbarem Eisen und an den Vitaminen B1, B6 und B12 vorteilhaft. Mengen von 300 - 600 g Fleisch und Wurst pro Woche reichen hierfür aus. Fettarme Produkte bevorzugen, vor allem bei Fleischerzeugnissen und Milchprodukten.

5. Wenig Fett und fettreiche Lebensmittel
Fett liefert lebensnotwendige (essenzielle) Fettsäuren und fetthaltige Lebensmittel enthalten auch fettlösliche Vitamine. Fett ist besonders energiereich, daher kann zu viel Nahrungsfett Übergewicht fördern, möglicherweise auch Krebs. Zu viele gesättigte Fettsäuren fördern langfristig die Entstehung von Herz-Kreislauf-Krankheiten. Pflanzliche Öle und Fette bevorzugen (z.B. Raps-, Oliven- und Sojaöl und daraus hergestellte Streichfette). Auf unsichtbares Fett achten, das in Fleischerzeugnissen, Milchprodukten, Gebäck und Süßwaren sowie in Fast-Food- und Fertigprodukten meist enthalten ist. Insgesamt 70 - 90 Gramm Fett pro Tag reichen aus.

6. Zucker und Salz in Maßen
Nur gelegentlich Zucker und Lebensmittel, bzw. Getränke verzehren, die mit verschiedenen Zuckerarten (z.B. Glucosesirup) hergestellt wurden. Kreativ mit Kräutern und Gewürzen und wenig Salz würzen. Jodiertes Speisesalz bevorzugen.

7. Reichlich Flüssigkeit
Wasser ist absolut lebensnotwendig. Jeden Tag rund 1-2 Liter Flüssigkeit trinken. Wasser (ohne oder mit Kohlensäure) und andere kalorienarme Getränke bevorzugen. Alkoholische Getränke sollten nicht konsumiert

werden.

8. Schmackhaft und schonend zubereiten
Die jeweiligen Speisen bei möglichst niedrigen Temperaturen garen, soweit es geht kurz, mit wenig Wasser und wenig Fett - das erhält den natürlichen Geschmack, schont die Nährstoffe und verhindert die Bildung schädlicher Verbindungen.

9. Sich Zeit nehmen und das Essen genießen
Bewusstes Essen hilft, richtig zu essen. Auch das Auge isst mit. Sich beim Essen Zeit lassen. Das macht Spaß, regt an, vielseitig zuzugreifen und fördert das Sättigungsempfinden.

10. Auf das Gewicht achten und in Bewegung
Ausgewogene Ernährung, viel körperliche Bewegung und Sport (30 bis 60 Minuten pro Tag) gehören zusammen. Mit dem richtigen Körpergewicht fühlt man sich wohl und fördert die Gesundheit.
Thermik, Wirkrichtung, Verdauungskraft
Es gibt unterschiedliche Kriterien, die Wirksamkeit von Kräutern und Lebensmittel zu beurteilen. Der Einsatz der Kräuter und Zutaten basiert auf Beobachtung, was die Lebensmittel, Kräuter und Gewürze nach ihrem Verzehr im Körper bewirken. In der Medizin hat sich daraus folgendes System entwickelt: Jede Zutat oder Kraut hat eine Wirkrichtung. Außerdem gibt es noch Kräuter, die eine besondere Wirkung auf bestimmte Organe haben.

Voraussetzung für einen gesunden Stoffwechsel ist es, darauf zu achten, dass wir ausreichend Energie aus der Nahrung gewinnen und der Verdauungsprozess so wenig Energie wie möglich verbraucht. Eine bekömmliche Mahlzeit macht zufrieden und satt, verursacht keine Blähungen und keine Müdigkeit nach dem Essen. Richtiges Würzen erhöht die Bekömmlichkeit unserer Speisen. Es genügen oft schon geringe Mengen an Kräutern und Gewürzen. Sie dienen nicht dazu, uns satt zu machen, sondern helfen unseren Verdauungsorganen, die Nahrung zu verdauen.

10.2 Rezepte

Die Rezepte zeigen Ihnen welche Zutaten verwendet werden, sowie mit der Kochanleitung wie diese zubereitet werden. Bei den Zutaten wird neben den Mengenangaben auch die Wichtigkeit für die Therapie, das Wärmeverhalten sowie das Element angezeigt. Wenn dabei angezeigt wird "weniger als angegeben" versuchen Sie diese Empfehlung einzuhalten oder eine Alternative aus der Liste der "Empfohlenen Lebensmittel" zu finden. Meistens ist es nur eine leichte geschmackliche Änderung wenn Sie diese Zutat gänzlich weglassen.

Schonende Kochmethoden: Kochen, dämpfen, pochieren, dünsten
Scharfe Kochmethoden: Grillen, rösten, anbraten, räuchern
Ausgeglichene Kochmethoden: Frittieren, Römertopf

Auf das Einfrieren und erwärmen in der Mikrowelle sollte verzichtet werden (Denaturierung).

10.2.1 Rezepte nach Folge der Elemente kochen

In der TCM werden die Zutaten der Rezepte möglichst in der Reihenfolge der Elemente verwendet, welches eine erhöhte Bekömmlichkeit und energetische Qualität ergibt. Den Beginn macht die Kochmethode mit der begonnen wird. Wird in einer Pfanne oder Topf etwas erwärmt ist das Element das Feuer. Diese 5 Elemente stehen in Beziehung zueinander und haben eine natürliche Reihenfolge, die den Jahreszeiten entspricht.
Metall - Wasser - Holz - Feuer - Erde.
So stärkt das jeweilige Element das das ihm nachfolgende. Die Zutaten können dann in Gruppen der jeweiligen Elemente beigegeben werden. Es sollten nach Möglichkeit immer alle 5 Elemente in einer Speise vorhanden sein. Das Element mit dem man aufhört, ist am wirksamsten. Das bedeutet, gebe Sie am Ende noch etwas Petersilie über das Gericht, hat es den größten Einfluss auf die Leber, da sowohl Petersilie als auch die Leber zum Holzelement zählen.

Wenn Sie nach dieser Methode kochen wollen, sollten Sie bei einem TCM-Ernährungsberater oder einem TCM-Kochkurs weitere Feinheiten kennen lernen. Grundlagen sehen Sie auf:
https://de.wikipedia.org/wiki/Fünf-Elemente-Lehre

Organ	Element
Leber, Galle	Holz
Herz, Dünndarm	Feuer
Milz, Magen	Erde
Lunge, Dickdarm	Metall
Nieren, Blase	Wasser

10.3 Lebensmittel

In der Traditionell Chinesischen Medizin werden alle Lebensmittel den 5 Elementen Holz, Feuer, Erde, Metall und Wasser zugeordnet.

Lebensmittel wirken wie Heilkräuter auf Körper und Geist, nur wesentlich sanfter. Die Ernährungsberatung stützt sich hauptsächlich auf heimische Lebensmittel. Das Wissen über die Wirkungsweisen jedes einzelnen Lebensmittels und das Wissen wann welche Lebensmittel zur Anwendung kommen, entstammt der Schulmedizin. Verwende Sie möglichst Erzeugnisse aus ökologischen-biologischem Landbau.

Da wegen der besseren Verdaulichkeit grundsätzlich alles lange gekocht und kaum roh gegessen wird, ist die Verträglichkeit hervorragend.

Die Einteilung der Lebensmittel entsprechend ihrer Wirkung auf den Körper und bildet die Basis, um einen ausgewogenen und harmonischen Gesundheitszustand im Körper zu erreichen.

Grundsätzlich empfiehlt die Ernährungsberatung keine bestimmten Lebensmittel für Jedermann. Ausschlaggebend für den individuellen Speiseplan ist vor allem die persönliche Konstitution.

Kaufen Sie nur frisches und reifes Obst und Gemüse ein. Braune Stellen, welke Blätter aber auch unreifes Obst und Gemüse sollten Sie im Supermarkt zurücklassen. Greifen Sie dann zu Tiefkühlware (keine Fertiggerichte!). Tiefkühlobst und -gemüse werden kurz nach dem Ernten schockgefroren und enthalten deshalb oftmals mehr Vitamine und Mineralstoffe, als die Ware aus der Obst- und Gemüsetheke! Konserven- und Dosenware dagegen enthält wesentlich weniger Biostoffe. Zudem werden Letztere meist mit Salz, Zucker usw. angereichert. Lassen Sie die Zutaten nach dem Waschen nie im Wasser liegen, denn so gehen viele Vitalstoffe ins Wasser über! Putzen Sie Salate, Früchte und Gemüse erst unmittelbar vor Verzehr.

Beachten Sie bitte die hygienische Verarbeitung der Lebensmittel. Waschen Sie Ihre Salate, Früchte und Gemüse gründlich. Bei Gerichten mit Fleisch bereiten Sie zuerst die Zutaten vor und verarbeiten dann die Fleischprodukte. Reinigen Sie danach die Arbeitsflächen und Werkzeuge besonders gründlich. Holzunterlagen sollten regelmäßig mit leichtem Desinfektionsmittel behandelt werden um die Keimbildung einzuschränken.

Bewahren Sie Obst und Gemüse möglichst getrennt voneinander auf. Auch geerntete Früchte und Gemüse leben und strömen z.B. Ethylengas aus, das andere Sorten schneller reifen und altern lässt. Fleisch und Fisch in der verschlossenen Verpackung lassen oder in luftdichten Boxen im Kühlschrank aufbewahren.

10.4 Kräuter

Bei der Aufbewahrung und Lagerung von Heilkräutern, müssen gewisse Grundregeln beachtet werden. Grundsätzlich müssen Heilkräuter geschützt vor direkter Sonneneinstrahlung, vor Feuchtigkeit und vor heißen Temperaturen gelagert werden.

Als Gefäße für die Lagerung von Heilkräutern können Gläser, Keramik-Behälter und zur Not auch Plastik-Dosen eingesetzt werden. Plastik ist aber ein sehr unreines Material und sollte daher wirklich nur eine kurzfristige Notlösung sein. Bei Glasbehältern ist darauf zu achten, dass dunkles Glas verwendet wird.

Heilkräuter können nicht beliebig lange aufbewahrt werden. Die Haltbarkeit von Heilkräutern ist auf jeden Fall begrenzt. Durch die Haltbarkeitsdauer kann durch sachgerechte Lagerung wesentlich erhöht werden. So soll der Lagerplatz dunkel, eher kühl und absolut trocken sein. Ein Medizinschrank aus Holz, der nicht direkt bei einer Wärmequelle platziert ist wäre ideal. Um Ihre Heilkräuter nicht wegwerfen zu müssen, kaufen Sie nicht zu große Mengen an Heilpflanzen. Beschriften Sie die Behälter mit dem Namen des Heilkrauts und dem Datum der Ernte bzw. der Verarbeitung.

11 Weitere Ernährungsvorschläge

Folgende Syndrome der Diätetik, der TCM oder als Therapieergänzung bei Krebs sind verfügbar.

DIÄTETIK
1. Ernährung des Säuglings - Beikost
2. Ernährung in der Stillzeit
3. Ernährung im Alter
4. Ernährung von Kindern und Jugendlichen
5. Ernährung von Sportlern
6. Leichte Vollkost
7. Schwangerschaft
8. Vollkost

Eiweiß und Elektrolyt – Nieren
9. (Hämo-)Dialysebehandlung
10. Akutes Nierenversagen
11. Chronische Niereninsuffizienz
12. Nephrotisches Syndrom
13. Nierensteine (Nephrolithiasis)

Gastrointestinaltrakt - Bauchspeicheldrüse
14. Akute Pankreatitis (Entzündung der Bauchspeicheldrüse)
15. Chronische Pankreatitis (Entzündung der Bauchspeicheldrüse)

Gastrointestinaltrakt - Dünndarm und Dickdarm
16. Akute Obstipation (Verstopfung)
17. Chronische Obstipation (Verstopfung)
18. Colon irritabile
19. Divertikulitis
20. Erworbene Laktoseintoleranz (Laktosemalabsorption)
21. Fruktosemalabsorption
22. Glutensensitive Enteropathie (Zöliakie)
23. Kolektomie
24. Kurzdarmsyndrom

Gastrointestinaltrakt - Leber, Gallenblase, Gallenwege
25. Akute und chronische Hepatitis (Entzündung der Leber)
26. Cholelithiasis (Gallensteine)
27. Fettleber
28. Leberzirrhose

Gastrointestinaltrakt - Magen und Zwölffingerdarm
29. Akute Gastritis
30. Chronische Gastritis
31. Magenblutung
32. Ulcus ventriculi und Ulcus duodeni
33. Zustand nach Magenoperation

Gastrointestinaltrakt - Mundhöhle und Speiseröhre
34. Mundschleimhautentzündung
35. Ösophaguskarzinom (Speiseröhrenkrebs)
36. Reflüxösophagitis (Sodbrennen)

spezielle Krankheiten
37. Phenylketonurie (PKU)

38. Rheumatische Gelenkserkrankungen
Stoffwechsel
39. Adipositas (Übergewicht)
40. Diabetes mellitus
41. Essstörungen (Untergewicht)
Fettstoffwechsel
42. Hypercholesterinämie (erhöhter Cholesterinspiegel)
43. Hepatische Enzephalopathie
Herz- und Kreislauf
44. Arteriosklerose (Arterienverkalkung)
45. Herzinsuffizienz
46. Hypertonie (Bluthochdruck)
47. Hyperurikämie und Gicht
veränderter Nährstoffbedarf
48. bei Fieber
49. bei malignen Erkrankungen
50. nach Verbrennungen
51. Strahlen- und Chemotherapie

KREBS
100. Bauchspeicheldrüse
101. Blasenkrebs
102. Blutkrebs (Leukämie)
103. Brustkrebs
104. Darmkrebs
105. Magenkrebs
106. Nierenkrebs
107. Speiseröhrenkrebs

TCM
200. Blase - Feuchte Hitze in der Blase
201. Blase - Feuchtigkeit und Kälte in der Blase
202. Blase - Leere und Kälte in der Blase
203. Dickdarm - äussere Kälte befällt den Dickdarm
204. Dickdarm - Feuchte Hitze im Dickdarm
205. Dickdarm - Hitze blockiert den Dickdarm II akut
206. Dickdarm - Trockenheit des Dickdarms
207. Dickdarm - Yang Mangel (Kälte)
208. Herz - Blut Mangel
209. Herz - Blut Stagnation
210. Herz - Feuer
211. Herz - Heisser Schleim verstopft die Herzporen
212. Herz - Kalter Schleim verstopft die Herzporen
213. Herz - Qi Mangel
214. Herz - Yang Mangel
215. Herz - Yin Mangel
216. Leber - aufsteigender Leber-Yang
217. Leber - Blut-Mangel
218. Leber - Blut-Stagnation
219. Leber - feuchte Hitze in Leber und Gallenblase
220. Leber - Feuer
221. Leber - Gallenblase Qi-Leere
222. Leber - Kälte im Lebermeridian

223. Leber - Qi-Stagnation
224. Leber - Wind
225. Leber - Wind mit aufsteigendem Leber Yang
226. Leber - Wind mit Blutleere
227. Leber - Wind mit extremer Hitze
228. Lunge - Qi Mangel
229. Lunge - Schleim-Feuchtigkeit in der Lunge
230. Lunge - Schleim-Hitze in der Lunge
231. Lunge - Schleim-Kälte in der Lunge
232. Lunge - Trockenheit der Lunge
233. Lunge - Wind-Hitze befällt die Lunge
234. Lunge - Wind-Kälte befällt die Lunge
235. Lunge - Yin Mangel
236. Magen - Blutstagnation
237. Magen - Feuer
238. Magen - Magenkälte mit Flüssigkeit
239. Magen - Nahrungsstagnation
240. Magen - Qi Mangel
241. Magen - rebellierendes Magen Qi
242. Magen - Yin Leere
243. Milz - Hitze und Feuchtigkeit befällt die Milz
244. Milz - Kälte und Feuchtigkeit befällt die Milz
245. Milz - Qi Mangel
246. Milz - Qi Mangel + Absinkendes MilzQi
247. Milz - Qi Mangel + Milz kontrolliert das Blut nicht
248. Milz - Yang Mangel
249. Niere - Herz und Niere kommunizieren nicht mehr
250. Niere - Jing Mangel
251. Niere - Nieren können das Qi nicht empfangen
252. Niere - Qi ist nicht fest
253. Niere - Yang Mangel
254. Niere - Yin Mangel

12 EBNS - Software für die Ernährungsberatung

Die Hauptaufgabe der Datenbank ist eine **„personalisierte Ernährungsberatung"** für jeden Patienten individuell. Die Datenbank wurde für die Diätetik und Traditionellen Chinesischen Medizin entwickelt. Sie Unterstützt bei der Ausbildung und Beratung im Arbeitsalltag.

Das Computerprogramm liefert Listen von Rezepten, Zutaten und Kräuter, welche dem Klienten mitgegeben werden. Individuell nach Patienten-Wunsch von Vollkost bis Vegetarier (Lacto-, Ovo-, ...) einstellbar. Zu jedem Register gibt es ein INFOBLATT welches einmal dem Klienten mitgegeben werden kann.

Die Syndrome sind kombinierbar und ergeben eine Schnittmenge der empfehlenswerten Rezepte und Zutaten. Die automatisierte Diagnose für die TCM ermöglicht Ihnen während der Ausbildung Ihre Erfahrungen zu überprüfen sowie im Arbeitsalltag ihre Diagnose zu bestätigen. Sie wählen mehrere vordefinierte Symptome und lassen sich vom Programm die relevanten Syndrome automatisch anzeigen.

Wie Sie mit der Datenbank arbeiten können:
Sie können alle Werte verändern, neue Symptome oder Syndrome anlegen, Rezepte entwickeln, verändern oder Zutaten und Kräuter an Ihre Erkenntnisse anpassen. In der einfachen Klientenverwaltung werden alle relevanten Daten zu der Person gespeichert. Sie bekommen einen Überblick über die zurückliegenden Diagnosen und die Entwicklung des Krankheitsverlaufes.

Als Berater sparen Sie viel Zeit, wenn Sie für die erkannten Syndrome die Rezept-, Lebensmittel- und Kräuterlisten ausdrucken und den Klienten mitgeben. Diese Zeit können Sie für das persönliche Gespräch nutzen.

Alle Rezept- und Lebensmittellisten können Sie auch als Kombination mehrerer Erkrankungen bestellen. Mit der Datenbank können Sie außerdem für jedes Rezept die Nährstoffe und Spurenelemente angezeigt bekommen und Rezepte für Syndrome selbst mit vorgeschlagenen Zutaten entwickeln.

Weitere Informationen finden Sie auf http://www.ebns.at.
Josef Miligui, Tel.: +43 660 121 05 00